Schöne Gräber bepflanzen und pflegen

Hans Bott

# Schöne Gräber
bepflanzen und pflegen

73  Farbfotos
16  Zeichnungen

VERLAG
EUGEN
ULMER

Titelbild: Der Fried-
hof als Ort der Ver-
söhnung und
inneren Einkehr.

Seite 2: Herbst-
stimmung auf einem
Gräberfeld mit
Reihengräbern.

Die Deutsche Bibliothek – CIP-Einheitsaufnahme

**Bott, Hans:**
Schöne Gräber : bepflanzen und pflegen / Hans Bott. –
Stuttgart (Hohenheim) : Ulmer, 1996
   ISBN 3-8001-6603-8

© 1996 Eugen Ulmer GmbH & Co.
Wollgrasweg 41, 70599 Stuttgart (Hohenheim)
Printed in Germany
Lektorat: Gerhard Bley
Herstellung: Otmar Schwerdt, Ulrike Fabian
Einbandgestaltung: Alfred Krugmann, Freiberg am Neckar
Zeichnungen: Helmuth Flubacher, Stuttgart, Heidrun Bott, Köln
Satz: Typomedia Satztechnik GmbH, Ostfildern
Druck und Bindung: Passavia Druckerei GmbH, Passau

# Vorwort

Mit dem Wandel der Zeit hängt immer auch ein Verlust tradierter Werte zusammen. Den einen oder anderen Verlust mag man dabei durchaus verschmerzen können; dafür wiegt aber dann die Betroffenheit über den Verlust bestimmter Werte besonders schwer. Unsere Zeit steht da nicht hinter vergangenen Zeiten zurück. Stichworte wie Konsumgesellschaft, Multimedia-Zeitalter, Datenautobahnen, Selbstverwirklichung, Sektentum, »Time is Money« und ähnliche stehen zumindest in ihrer absoluten Ausprägung als Synonyme für den Verlust von Werten wie Gemeinsinn, verbale Kommunikation, Vertrauen, Geborgensein und auch Familie. Anonymität nimmt zu, Schnellebigkeit wird zur Normalität.

Davon nicht ausgenommen unterliegt nun zunehmend auch die letzte Station menschlichen Daseins auf dieser Erde dem Wandel: der Umgang mit unseren Toten. Statt würdiger Bestattung erscheint rasches, anonymes Vergraben als moderne Alternative. Ob dies einhergeht mit dem Wunsch nach ebenso raschem Vergessen?

Das vorliegende Buch sieht Friedhöfe, Gräber, Grabbepflanzung und -pflege als selbstverständliche Fortsetzung Jahrhunderte alter Traditionen. Die Ehrung der Verstorbenen gehört zu den ältesten kulturhistorischen Überlieferungen aus vorchristlicher und christlicher Zeit. Sie nach außen in Form einer Grabstätte zu zeigen, ist Bestandteil des Umgangs mit dem Leben und dem Tod.

Unsere heutigen Gräber sind in der Regel räumlich eng begrenzte Flächen. Ihre Gestaltung erfordert das Einhalten bestimmter Regeln. Dies auch, um den Friedhof als einen Ort des Friedens, der Ausgewogenheit oder der Geborgenheit erleben zu können. Pflanzen- und Steinmaterial haben sich diesen Aspekten unterzuordnen. Eine hinreichende Auswahl geeigneter Pflanzen wird im Folgenden vorgestellt, getrennt nach ihren unterschiedlichen Verwendungszwecken. Zur Pflanzung gehört selbstverständlich auch deren Pflege und Erhaltung. Tips und Hinweise zu dieser Thematik sollen die entsprechenden Arbeiten erleichtern.

Wer das Recht an einer Grabstätte erwirbt, muß auch auf die wichtigsten, damit verbundenen Rechte und Pflichten aufmerksam gemacht werden. In diese Zusammenhänge bindet sich das vorliegende Buch ein und daran geknüpft ist die Hoffnung, einen kleinen Beitrag zum Erhalt einiger wirklich wertvoller Traditionen und Werte zu leisten.

Hans Bott
Köln-Weiß, Sommer 1996

# Inhaltsverzeichnis

# Eine kurze Geschichte der Friedhofskultur

D er Tod gehört zum menschlichen Leben als etwas ebenso Unumstößliches wie der Beginn seines Daseins mit der Geburt. Das Mystische des Todes, der Wunsch ihn zu überwinden und der damit verbundene Glaube an ein Leben nach dem Tode hat schon zu frühesten Zeiten zu Totenkulten und Ahnenverehrung geführt.

In vorchristlicher Zeit gab es bereits je nach Landessitte mannigfaltige Variationen von Begräbnisstätten. Die etwa 4000 Jahre alten Pyramiden mit ihren nahezu unglaublich wertvollen Grabbeigaben – gedacht als Gaben für den Weg ins Jenseits – sind ein bekanntes und herausragendes Beispiel der Totenverehrung großer Königsgeschlechter. Germanische Völkerstämme bauten in der Steinzeit ihren Toten Steinkammern und Ganggräber. Familiengrüfte mit großen Ausmaßen gab es schon bei Griechen und Römern, wobei letztere diese Ruhestätten oft auf ihren Landsitzen oder an Straßen errichteten (Appische Straße).

Gemeinsame öffentliche Begräbnisstätten hingegen kannte man zu dieser Zeit eher für die Armen und die Sklaven – so etwa in Rom und in Athen. Auch die bis heute in südlichen Ländern üblichen Kolumbarien – kleine Wandnischen in meist gemauerten Wänden – waren damals bereits zur Beisetzung von Aschenurnen mittlerer und ärmerer Bevölkerungsschichten üblich.

Mit der Christianisierung in den ersten Jahrhunderten nach Christi Geburt begann die Bindung der Begräbnisstätten an die Kirchen. Der »Kirchhof« weist auf diese Bindung hin. Hier ging es zunächst darum, die Verstorbenen in der Nähe der Kirche, in Altarnähe, zu bestatten. Gesellschaftliche Hierarchien fanden dabei wie früher ihre Entsprechung im Begräbnisort. Die herrschende Klasse fand Platz in Grüften direkt unter den Altären, der Klerus noch innerhalb der Kirchenmauern und das »einfache Volk« außerhalb der Kirche bis hin zur den Kirchhof umgebenden Friedhofsmauer.

Bepflanzungen scheinen in jener Zeit nicht oder allenfalls sehr spärlich üblich gewesen zu sein. Dies ist verständlich, wenn man bedenkt, daß der Pflanzenanbau nahezu ausschließlich unter dem

Nutzaspekt gesehen wurde. Nahrungs-, Gewürz- und Heilpflanzen standen im Vordergrund, Klöster galten als Vorreiter der Pflanzenkultur. Dementsprechend wurden bis ins hohe Mittelalter eben diese Pflanzenarten auch auf dem Kirchhof angesiedelt. Salbei, Lavendel, Minze, Liebstöckel, Dill und etliche andere Nutzpflanzen gehörten zum Sortiment dieser Zeit, bei den Gehölzen waren es ebenso nützliche wie Apfel, Birne, Hasel- und Walnuß, Quitte und Eßkastanie. Mit der Zeit erweiterte sich das Spektrum um Pflanzen mit Symbolwert, dazu zählten Efeu, Eiben und Rosen.

Der »Friedhof« bezeichnete hingegen zunächst nur einen eingefriedeten Raum um eine Kirche, in dem Verfolgte Schutz – also »Frieden« – fanden. Die mittelhochdeutschen Worte »vride« für Einfriedigung und »vrithof« für Schutzhof, Friedhof geben davon Kenntnis.

Mit zunehmendem Bevölkerungswachstum und der damit verbundenen Ausdehnung der Städte mußte der Kirch-

hof immer häufiger nach außen vor die Stadtmauern verlegt werden. Neben den beengten Platzverhältnissen waren insbesondere die hygienischen Zustände und damit die Berücksichtigung der Gesundheit der Bevölkerung Ursache für diese Maßnahme. Mit dieser Entwicklung, etwa ab dem 16. Jahrhundert, verlor der Kirchhof viel von seiner ursprünglichen, kultischen Bedeutung und wandelte sich zum nüchternen Friedhof oder »Gottesacker« vor den Toren der Stadt.

Aus überschaubaren Gemeinschaftsanlagen rund um die Kirche entstanden zum Teil düstere Begräbnisstätten, Orte des Todes und des Grauens. Verstärkt wurde diese Tendenz durch katastrophale Ereignisse wie den 30jährigen Krieg und seine Folgen. Es galt nur noch, die Masse der Toten schnellstmöglich irgendwie und irgendwo unter die Erde zu bringen.

Erst im 18. und im 19. Jahrhundert wandelte sich die Beziehung zum Friedhof wieder in die uns bis heute vertraute

Richtung. Wesentlichen Einfluß auf diese Entwicklung nahmen Verordnungen Napoleons. Sie legten unter anderem ein Mehrklassensystem fest, nach dem Gräber 1. Klasse an den bevorzugten Hauptwegen und Eingangsportalen zu finden waren. Weitaus wichtiger war jedoch die Erlaubnis, Denkmäler, Gruften und Monumente mit individuellem Charakter zu errichten. Pflanzen mit Symbolwert wurden wieder neu entdeckt und gepflanzt, wenn sich auch die insgesamt meist schlichte Bepflanzung der Gesamtgestaltung unterzuordnen hatte. Zahlreiche Denkmäler im klassizistischem Stil entstanden; die Grabmalfläche selber wurde fast immer mit geschmiedeten Eisengittern, Pfosten mit umlaufender Kette oder auch einer Steinumrandung abgegrenzt.

Etwa ab Mitte des 19. Jahrhunderts erfolgte ein weiterer Schub unter dem Einfluß der insbesondere aus dem englischen Raum stammenden »Landschaftsgärten«, die »natürliche Landschaft« als idealisierte Überhöhung der realen Natur gestalteten. Die »Gottesäcker« entwickelten sich mehr und mehr zu baumbestandenen Ruhestätten. Großzügig, in Anlehnung an die natürliche Umgebung ge-staltete Flächen am Rande der wachsenden Städte reiften zu Orten der Ruhe und des Friedens.

Wald- und Parkfriedhöfe begannen, neben ihrer Funktion als Friedhof die bis heute besonders im großstädtischen Bereich so wesentliche Aufgabe als Grünfläche mit zu erfüllen. Würde und Friedhofskultur bildeten nun einen selbstverständlichen Bestandteil der letzten Ruhestätten.

Zwar paßt die Großzügigkeit speziell der Waldfriedhöfe kaum mehr in die mit knappem Raum operierende Gestaltung unserer Neuzeit und heute dominiert der geometrisch oder architektonisch geplante Friedhof. Geblieben aber sind die Grundsätze der würdigen Gestaltung, die unter Berücksichtigung individueller Vorstellungen sich doch dem Friedhof als Gemeinschaftsanlage unterordnen müssen. Geblieben sind in weiten Teilen unseres Landes auch die Funktionen der Friedhöfe als Grünanlagen und als Zeugen der Kultur und des Geschmacks ihrer jeweiligen Epoche. Dies beim Gestalten der Gräber unserer Hinterbliebenen zu berücksichtigen, ist Anliegen und Pflicht zugleich.

Bei diesem klassischem Familiengrab dient Zwergmispel (*Cotoneaster dammera*) als Bodendecker. Vor der Christus-Figur ein Beet mit Eisbegonien (*Begonia*-Semperflorens-Hybriden) und auf der Umrandung schmücken Geranien (*Pelargonium*-Zonale-Hybriden).

# Aufgaben, Rechte und Pflichten rund um den Friedhof

## Friedhöfe erfüllen viele Aufgaben

Der ureigenste Zweck der Friedhöfe ist die Bestattung Verstorbener. Er soll eine Stätte des Gedenkens und der Erinnerung sein. Diesem Zweck sind alle anderen Zielsetzungen untergeordnet. Zur Erfüllung dieser Aufgabe müssen Friedhöfe möglichst problemlos und ohne lange Fahrtstrecken zu erreichen sein. Zu weite Entfernungen fördern zudem die innere Entfernung von allem, was mit dem Tod eines Verwandten oder Bekannten in Beziehung steht.

**Der locker aufgebaute Charakter zahlreicher Wald- und Parkfriedhöfe verleitet zum erholsamen Begehen, zum Schöpfen von Ruhe und Frieden.**

Friedhöfe sind ein Teil der Kulturgeschichte einer Region. Die Gestaltung der Denkmäler und Grabsteine, die Inschriften und die Plazierung bekannter Persönlichkeiten geben beredtes Zeugnis meist städtischer Geschichte ab. Oft in Verbindung mit der Grabbepflanzung spiegeln sie den religiösen, aber auch den individuellen Umgang bestimmter Epochen mit dem Tod wieder. Die Örtlichkeiten selber gehen nicht selten auf ältere, etwa napoleonische Zeiten zurück.

Führungen über alte, nicht mehr belegte Friedhöfe, über ältere Friedhofsteile oder auch alte jüdische Friedhöfe erzäh-

len mehr als viel Geschriebenes darzustellen vermag.

Kapitel traurigster Geschichte werden durch Kriegsgräber- und Soldatenfriedhöfe verkörpert. Wohl kaum jemand kann sich der beklemmenden Ausdruckskraft entziehen, die hunderte oder gar tausende Kreuze Gefallener ausüben. Die von ihnen ausgehende Botschaft, solchen Wahnsinn nie mehr zu wiederholen, ist beim Anblick dieser Gräberfelder mit allen Sinnen greifbar.

Friedhöfe sind zugleich aber auch wesentlicher Bestandteil städtischer Grünanlagen. Bewußt sind sie sogar im Bundesbaugesetz als öffentliche oder private Grünfläche ausgewiesen. Der parkähnliche Charakter weitläufiger Friedhöfe erlaubt es, Stille und Natur zu erleben, und dient so zumindest in städtischen Regionen eindeutig der Erholung. Friedhöfe sind inzwischen auch Refugien für Pflanzen und Tiere, die anderenorts gefährdet sind. Sie haben somit eine ökologische Funktion, die nicht zu unterschätzen ist.

Ausschließlich funktionell betrachtet sind Friedhöfe mit ihrer hygienischen Aufgabe auch Teil der Pflichten von Städten und Gemeinden. Ebenfalls soll nicht vergessen werden, daß der Friedhof auch ein Wirtschaftsfaktor für die Friedhofsträger und das zugelassene Gewerbe ist.

Insgesamt üben somit Friedhöfe wichtige Aufgaben für die Allgemeinheit aus, sie sind aber ebenso für den einzelnen Menschen ein Ort, mit dem man sich in besonderem Maße identifiziert. Beiden Zielsetzungen können Rasenfriedhöfe mit anonymen Bestattungsfeldern nicht gerecht werden. Bei »Anonymen Bestattungen« wird die Asche der Verstorbenen in Urnenfeldern ohne Einzelmarkierung beigesetzt. Die anonyme Bestattung hat durch dänisches Beispiel besonders im norddeutschen Raum in den letzten Jahren zugenommen. Inzwischen bieten die meisten Städte mit mehr als 50.000 Einwohnern ein anonymes Urnenfeld an.

Es fällt nicht nur die Vegetationsarmut solcher Begräbnisstätten ins Auge, son-

Soldatenfriedhöfe sind weltweit eindrückliche Mahnmale falscher Wege der Konfliktaustragung.

dern, was bedeutend wichtiger ist, der Friedhof verliert hier auch seine Funktionen als Kultur- und Kultstätte. Wahrscheinlich ist die Anonymität bis über den Tod hinaus Folge der allgemeinen Anonymisierung in unserer Massengesellschaft. Die Erfahrung von Einsamkeit, Ängste, selbst nächste Angehörige würden das Grab sehr bald verkommen lassen und hier und da wohl auch finanzielle Erwägungen mögen Grundlagen zur Entscheidung für eine anonyme Bestattung sein. Das Fehlen von Grabzeichen oder sonstigen Anhaltspunkten für den Bestattungsort wird nicht selten erst im nachhinein als Verlust und als Behinderung des Trauerprozesses empfunden. Rückgängig kann man die Entscheidung zur anonymen Bestattung nicht machen, insofern sind alle Konsequenzen vorher genau zu durchdenken.

## Friedhofsordnungen und -satzungen

Entsprechend dem Charakter öffentlicher Friedhöfe gehören wesentliche Bereiche wie Planung, Unterhaltung, Erweiterung und dergleichen zu den kommunalen Aufgaben.

Allgemeinverbindlich zu regeln sind die Beziehungen zwischen den Friedhofsträgern (Kommunen oder auch kirchliche Träger) und den Friedhofsbenutzern. Geregelt werden diese Beziehungen in den Friedhofsordnungen, die wegen ihrer Begründung der Rechte und Pflichten für Jedermann als Satzung (Ortsgesetz) zu erlassen sind. Beschlußorgane können nur die jeweiligen Vertretungskörperschaften der Träger sein, also etwa Stadt- bzw. Gemeinderat oder Kirchenrat. Mit ihrer Veröffentlichung erhalten die Satzungen somit Rechtsnormcharakter.

Im Allgemeinen legen die Friedhofssatzungen die folgenden Punkte fest.

Zu den **Ordnungsbestimmungen** gehören Regelungen zum Verhalten der Friedhofsbenutzer auf dem Friedhofsgelände, die Öffnungszeiten und die Zulassung gewerblicher Tätigkeiten.

Die **Bestattungsvorschriften** regeln die Beschaffenheit der Särge, die Bestattungsfeier und deren Ablauf.

In den **Rechtsverhältnissen an den Grabstätten** sind Grabarten und ihre Maße aufgeführt, werden die Ruhefristen festgelegt sowie die Eigentums-, Vergabe- und Benutzungsrechte der Gräber geregelt.

Gleichartige, unaufdringliche Bepflanzung vermittelt ein Bild harmonischer Ruhe. Hier sind es Zwergmispel (*Cotoneaster dammeri*) und Eisbegonien (*Begonia*-Semperflorens-Hybriden), die diesen Eindruck hinterlassen.

Die Bestimmungen zur **Gestaltung** der Grabstätten gehören zu den schwierigeren Inhalten der Satzungen. Dem Grundrecht auf freie Entfaltung der Persönlichkeit (Art. 2 Abs. 1 GG) stehen die Anforderungen an die Würde des Ortes »Friedhof« entgegen. Private Wünsche Einzelner haben hier hinter dem Empfinden der Allgemeinheit zurückzutreten. Dadurch sind die Individualrechte des einzelnen Friedhofbenutzers zumindest teilweise gemeinschaftsgebunden. In besonderem Maße bezieht sich dies eben auf die Gestaltung der Grabstätten. Schon wegen des engen Nebeneinanders der Gräber sind Grabgestaltungen zu unterlassen, die in ihrer Art die Empfindungen der Mehrheit der übrigen Friedhofsbenutzer verletzen könnten. Ihre Grenze finden die Vorschriften in Versuchen, subjektive Geschmacksvorstellungen durchsetzen zu wollen. Den richtigen Mittelweg zwischen den notwendigen Einschränkungen zur Erfüllung des Friedhofszwecks und den Gestaltungsvorstellungen des Einzelnen zu finden, ist Aufgabe der amtlichen Erlasse. Um das Problem zu mildern, werden Friedhöfe nach dem »Zwei-Felder-System« betrieben. Danach sind Gräberfelder, die sich an zusätzlichen Gestaltungsrichtlinien orientieren, überall dort anzutreffen, wo der Friedhofsträger eine einheitliche oder sonst besonders gestaltete Anlage schaffen will. Darüber hinaus muß er dann aber auch einzelne Gräberfelder ohne zusätzliche Gestaltungsanforderungen einrichten, bei denen größere individuelle Freiheiten gelten. Bei Gemeinden mit mehreren Friedhöfen muß nicht jeder Friedhof über Gräberfelder ohne zusätzliche Gestaltungsanforderungen verfügen; dem Friedhofsbenutzer muß aber eine wirklich freie Auswahl der Grabstätten gewährleistet sein.

Den **Grabmalen** sind in den Satzungen eigene Absätze gewidmet. Die Errichtung und jede Veränderung von Grabmalen und/oder baulichen Anlagen bedarf jeweils der schriftlichen Zustimmung der Friedhofsverwaltung. In der Regel sind bestimmte Größenbegrenzungen je nach Grabart vorgesehen. In vielen Satzungen ist auch das Verlegen von Steineinfassungen, Kantensteinen und Grababdeckungen durch Platten als genehmigungspflichtig gekennzeichnet. Bevor man solche Arbeiten ausführen läßt, sind auf jeden Fall zuvor die örtlichen Satzungen zu studieren. Fundamentierung, Standsicherheit und Entfernung von Grabmalen sind ebenfalls in den Satzungen geregelt.

**Pflege, Instandhaltung** sowie Folgen bei **Vernachlässigung** der Grabpflege sind weitere Inhalte der Satzungen, die letztendlich natürlich auch darauf hinweisen, daß für die Inanspruchnahme der Friedhöfe **Gebühren** gemäß geltender Friedhofsgebührensatzung erhoben werden.

# Gräberarten und Ruhefristen

In einer Muster-Friedhofssatzung sind überregional geltende Grababmessungen festgelegt, von denen in den örtlichen Friedhofssatzungen leichte Abweichungen vorkommen können. Die im folgenden angegebenen Abmessungen sind als Hinweise gedacht.

## Reihengrabstätten

Sie werden »der Reihe nach« belegt. Es sind einstellige Grabstätten für Sargbestattungen, denen nur für die Dauer der Ruhezeit ein Nutzungsrecht zugewiesen wird. Ein Wiedererwerb des Nutzungsrechtes ist in aller Regel bei Reihengräbern nicht möglich. Weiterhin ist es zumindest rechtlich nicht möglich, bei Tod des überlebenden Ehepartners ein benachbartes Reihengrab zu erwerben, da ja inzwischen weiter »der Reihe nach« belegt wurde.

Die Ruhefrist liegt im Schnitt zwischen 15 und 25 Jahren. Sie ist unter anderem von den örtlichen Bodenverhältnissen abhängig, die wesentlichen Einfluß auf die Dauer der Verwesungszeit haben.

Außerdem läßt in städtischen und stadtnahen Regionen leider auch das knappe Platzangebot die Ruhefrist oft an die niedrigst mögliche Grenze sinken.

Wenn die Nutzungsfrist abgelaufen ist, wird dies in der Regel mindestens einen Monat vorher in den örtlichen Tageszeitungen und durch ein Hinweisschild auf dem betreffenden Grabfeld bekannt gemacht. Für verstorbene Personen über 5 Jahre messen Reihengräber 2,5 m in der Länge und 1,2 m in der Breite.

## Wahlgrabstätten

Das Nutzungsrecht an Wahlgrabstätten wird meist auf 25 bis 30 Jahre verliehen. Einmaliger Wiedererwerb dieses Nutzungsrechtes ist in jedem Falle vorgesehen, mehrfacher Wiedererwerb in der Mehrzahl der Friedhofssatzungen üblich.

Einstellige Wahlgrabstätten zur Aufnahme einer Sargbestattung messen etwa 1,4 m in der Breite und 2,7 m in der Länge. Je nach örtlichen Verhältnissen

können sie auch als sogenannte Tiefgräber Verwendung finden, in denen dann zwei Sargbeisetzungen übereinander stattfinden können. Als mehrstellige Wahlgrabstätte verbreitern sie sich um 1,4 m je Grabeinheit; Wiedererwerb gilt dann immer nur für die gesamte Grabstätte.

Im Rahmen der auf einem Friedhof gegebenen Möglichkeiten kann man sich die Lage der Wahlgrabstätte selber aussuchen. Oft liegen sie am Rand von Nebenwegen oder umrahmen ein Gräberfeld mit Reihengräbern und sind nicht selten vom begleitenden Friedhofsgrün umrandet. Insbesondere in größeren Städten sind Grablagen an bevorzugten Hauptwegen nur noch selten zu erlangen und mit entsprechend höheren Gebühren zu honorieren.

Bereits bei Erwerb des Nutzungsrechtes erscheint es sinnvoll, für den Fall des eigenen Ablebens eine Nachfolgeperson im Nutzungsrecht zu benennen und dies vertraglich zu regeln. Geschieht dies nicht, geht das Nutzungsrecht in einer festgelegten Reihenfolge an Angehörige über (überlebender Ehegatte, Kinder, Enkel). Sofern die Ruhezeit der zuletzt bestatteten Person abgelaufen ist, kann das Nutzungsrecht auf Antrag vorzeitig zurückgegeben werden.

Wer bereits zu Lebzeiten an einer bestimmten Friedhofsstelle ein Wahlgrab erwerben will, kann dies gemäß Friedhofssatzungen meist ab dem 65. Lebensjahr. Mit dem Erwerb beginnen natürlich auch schon vor der ersten Belegung die vorgesehenen Bepflanzungs- und Pflegepflichten.

## Urnengräber

Urnenreihengrabstätten sind zur Beisetzung einer Urne vorgesehen; sie messen zwischen 1,25 m mal 1,25 m und 1 m mal 1 m. Je kleiner das Maß dieser Grabstätten wird, um so schwerer fällt eine vernünftige, überlegte Gestaltung.

Urnenwahlgrabstätten sind mindestens 1,2 m lang und 1 m breit. Sie kön-

nen zur Beisetzung von bis zu sechs Urnen vergrößert werden. Im übrigen gelten für beide Urnengrabarten die Bestimmungen der Reihen- und Wahlgrabstätten.

## Grabmale und Grabeinfassungen

Ebenso wie für die verschiedenen Gräberarten sind auch für Grabmale bestimmte Abmessungen in den Friedhofssatzungen vorgegeben. Im Grundsatz dürfen die Grabmale die vorgegebenen Beetbreiten nicht überschreiten und es darf nicht mehr als ein Drittel der Grabstätte durch Stein abgedeckt sein. Die genauen Bestimmungen sind darüber hinaus den örtlichen Satzungen zu entnehmen.

Ohne durch Mindest- oder Höchstmaße beeinflußt zu sein, sollte man sich der Hauptaufgabe des Grabmales erinnern: die Stelle, an der ein Angehöriger

schriften und Symbole in Augenhöhe des Betrachters anzubringen.

Breitformate in massiertem Auftreten fördern die Dominanz des Steins über die Bepflanzung. Grabpfeiler und Kreuzform sind dagegen empfehlenswerte Formen stehender Grabzeichen. Der Kubus ist bei den liegenden Grabmalen bevorzugte Form der Urnengrabstätten; daneben ist die leicht angeschrägte Grabplatte bei allen Gräberarten in Verbindung mit niedrig bleibender Bepflanzung eine akzeptable Lösung.

## Das Steinmaterial

Eine gewisse Vorauswahl, insbesondere auf Gräberfeldern mit zusätzlichen Gestaltungsrichtlinien, geben oft schon die Friedhofssatzungen. Danach sind meist grellweiße und tiefschwarze Steine ebenso untersagt wie unbearbeitete und durchgängig polierte.

Darüber hinaus gilt es zwischen Hartgesteinen wie Granit und Basalt sowie Weichgestein wie etwa Sandstein zu wählen. Hartgesteine sind wetterbeständiger, der graue bis anthrazitfarbene Basalt wirkt ruhig und gleichsam wie für die Ewigkeit geschaffen. Sand- und Kalkstein als typische Weichgesteine bringen farblich interessante Varianten ein und sind zum Beispiel für eine Ornamentierung leichter zu bearbeiten.

Die Entscheidung sollte man aber auch an dem Vorkommen landschaftstypischer Gesteinsarten ausrichten, um die Einbindung des Friedhofes in seine jeweilige Region zu verstärken.

## Verwendung alternativer Materialien

Neben Stein kommen Holz, Eisen und eventuell Bronze in Frage. Holz wird gerne in Verbindung mit Schnitzereien, etwa Skulpturen der Mutter Gottes oder von Christus am Kreuz, eingesetzt. Die größere Pflegebedürftigkeit gegenüber Steinmaterial ist zu bedenken. Eisen-

**Ebenso aussagekräftige wie anrührende und stilvolle Inschriften auf dem Stein eines Familiengrabes, selbst wenn der Zusatz »Bäckereibesitzersgattin« nach heutigen Maßstäben überholt klingt. Die aufrechte Form des Steins lädt geradezu zum Lesen der Inschriften ein.**

oder Bekannter bestattet wurde, soll gekennzeichnet werden. Dies gilt von altersher als traditionelle Aufgabe der Grabmäler nicht nur in unserem Kulturkreis. Anstelle dieser Kennzeichnung der Grabstätte ist in den letzten Jahrzehnten leider die Dokumentation der wirtschaftlichen Kompetenz der Hinterbliebenen nicht selten zur primären Aufgabe des Grabmals geworden.

Zusätzlich zur Erkennung der Begräbnisstelle soll der Grabbesucher Informationen über den Verstorbenen erhalten. Aus dieser Zweckdienlichkeit heraus leitet sich die Bevorzugung hochformatiger Stelen gegenüber breiten, flacheren Formen ab. Das Hochformat erlaubt es, In-

kreuze sind alte Tradition insbesondere auf skandinavischen Friedhöfen, wo sie von künstlerischem Schmiedehandwerk zurückliegender Jahrhunderte zeugen. Ihre Verwendung in unserer Zeit erscheint vor allem dann sinnvoll, wenn mit ihnen ein besonderer Bezug zur bestatteten Person dokumentiert werden kann. Dies mag sich sowohl auf berufliche Tätigkeiten als auch auf private Vorlieben beziehen. Außerdem sind sie in ländlichen Regionen oft fester Bestandteil der Friedhofskultur. Ihre Ausdruckskraft ist ganz sicher höher einzuschätzen, als die dunkel polierter Industriegrabsteine.

## Das Schriftbild

Die Schrift ist ein wesentliches Gestaltungsmerkmal des Grabmales und ihr kommt daher eine besondere Bedeutung zu. Bevorzugte Verwendung finden vertiefte – also in den Stein eingeschlagene – und erhabene Schrifttechniken. Aufgemalte Goldschrift wirkt aufdringlich und dominiert den Stein und die umgebende Bepflanzung.

Da die Inschrift außerdem die einzige Information über den Verstorbenen am Grab darstellt, soll sie mindestens den vollen Vor- und Zunamen sowie das Geburts- und Todesdatum benennen; darüber hinaus kann die Berufsangabe für den Besucher von Interesse sein. Sinnvolle Ergänzung bilden mit Bedacht ausgewählte Bibelworte oder Symbole. Eine zurückhaltende Schriftart mit Verteilung der Inschrift über die gesamte Ansichtsfläche wird der Zielsetzung am ehesten gerecht.

## Grabeinfassungen aus Stein

Sie beruhen auf dem Bedürfnis, »sein« Grab deutlich von den anderen abzugrenzen. Trotzdem sollte auf sie gänzlich verzichtet werden, was im übrigen hier und da bereits in den Satzungen bestimmt ist. Gegen Einfassungen spricht:
– sie verkleinern zusätzlich die ohnehin nicht allzu große Fläche, die gestalterisch bepflanzt werden soll;
– sie tragen zur »Versteinerung« des Friedhofs bei und stören das Konzept eines »grünen, blühenden Friedhofs«;

Zu der eher unkonventionellen Bepflanzung mit Japanischen Azaleen (rechts vom Kreuz) und Rhododendron-Sorten (links vom Kreuz) paßt das metallene Kreuz samt der Ergänzung durch die nüchterne Bodenplatte mit dem Familiennamen. Der Bodendecker ist in diesem Falle eine Staude: die Golderdbeere (*Waldsteinia ternata*).

- durch Grabsenkungen entstehen kostspielige Reparaturen, dadurch steigen die ohnehin nicht geringen Gesamtkosten einer Einfassung;
- sie stellen immer eine Stolperschwelle dar, die im engen Nebeneinander der Gräber die Unfallgefahr erhöhen.

## Verwendung von Symbolen und Ornamenten

Bildliche Darstellungen und Symbolsprache waren insbesondere in der Antike hoch entwickelt, verdeutlichten die Verehrung der Gestorbenen und gaben auch ohne Schrift beredte Auskunft über den Toten. In den Jahrhunderten bis heute wechselten Symbolik und Darstellungskunst, sie waren aber sicherlich nie so oberflächlich oder gar unverstanden wie es in heutiger Zeit vielfach der Fall ist.

Symbole sollen die Inschrift auf dem Grabmal ergänzen, zu ihr und möglichst auch zu dem Verstorbenen in Beziehung stehen. Stattdessen sind sie oft nur »Zugabe« auf dem Stein, optische Flächenfüllung oder falsch verstandene Moderne. Dabei ist die Aussagekraft christlicher Symbole als richtig verstandene Sinnbilder äußerst vielfältig.

**Hohe handwerkliche Kunst findet in diesem Beispiel der Vereinigung mehrerer Symbole in einem Stein ihren Ausdruck.**

Für Christus steht zum Beispiel das sogenannte Christusmonogramm, aus dem griechischen $X$ (entsprechend dem Ch, Anfang von *Christos*) und dem P (gr.: *Rho*, entsprechend dem r als nächstem Buchstaben) zusammengesetzt. Ebenso wird Christus durch den Fisch verkörpert (gr.: *ichthys*, den Anfangsbuchstaben für *Iesoys Christos theoy hyios soter* = Jesus Christus, Gottes Sohn, Erlöser). Sind Christus als großem Fisch in der Darstellung mehrere kleine Fische zugeordnet, so stellen letztere die durch Jesu erlösten Christen dar.

Selbstverständlich gilt nach wie vor das Kreuz als das bekannteste und am häufigsten verwendete religiöse Sinnzeichen, als die Heilsverkündigung der Christenheit überhaupt.

Das »Auge Gottes« wird verkündet durch ein gleichschenkliges Dreieck mit einem Auge. Das mit seiner Spitze nach oben weisende Dreieck allein steht als Dreifaltigkeitszeichen für die geistigen Kräfte. Weist die Dreiecksspitze nach unten, so sind mütterlich-irdische, fruchtbar-gebärende Kräfte versinnbildlicht.

Der Stern bringt das Licht in der Finsternis und erinnert an Christi Geburt. Je nach seiner Ausprägung variiert die symbolische Aussage und Deutung.

Das Lamm ist im Neuen Testament die bildliche Bezeichnung für die Gemeindemitglieder und als »Lamm Gottes« das Opferlamm, welches vieles zu erleiden hat und dennoch bei Johannes als Sieger hervorgeht; zudem ist es Sinnbild der Taufe.

Die den Ölzweig tragende Taube gilt als Überbringerin der Friedensbotschaft und die nach unten stoßende Taube als Sinnbild des Heiligen Geistes. Palmzweige erinnern an den Einzug Jesu in Jerusalem, wo die ihn begrüßenden Festpilger Palmzweige schwangen. Der Baum ist sowohl Lebens- als auch Stammbaum – die »Wurzel Jesse« erlaubt beide Deutungen.

Zahlreiche weitere Symbole und Sinnbilder können christliche Verbundenheit oder persönlichen Bezug dokumentieren:

der Kranz als Siegeszeichen, als Krone des Lebens auch Zeichen des Sieges über den Tod; Schiffsdarstellungen, sei es als Arche Noah, als Sinnbild der Kirche oder als Schiff, welches nach dem Sturm in der Ruhe Gottes vor Anker geht; der Hahn, der den Morgen und somit auch Christus ankündigt.

Ob überhaupt und wenn ja welches Symbol Verwendung findet, ist sicherlich Frage des Glaubens, regionaler Besonderheiten, persönlicher Verbundenheit und vielleicht auch der eigenen Gestaltungsvorstellungen. Immer aber sollte man sich über ihren Sinngehalt im klaren sein und sie nicht zur bedeutungsleeren Hülse verkommen lassen.

Neben religiösen Symbolen können Zeichen verwendet werden, die einen Bezug zum Beruf oder lebensbedeutsamen Hobbys der bestatteten Person haben Die »Justitia« oder die Waage allein bei Juristen, der Violinschlüssel beim Musiker und das aufgeschlagene Buch mit diversen Deutungsmöglichkeiten sollen als Beispiele genügen.

Ohne symbolischen Charakter, sondern im Sinne schmückenden Beiwerkes werden Ornamente in Stein gemeißelt. Sie müssen zur Gesamterscheinung des Grabmales passen, können die Schrift untermalen, die Grundform des Steins betonen. Wichtig ist in jedem Falle, daß Symbole und Ornamente keinen aufdringlichen Charakter besitzen. Eine goldene, nicht selten auch noch überdimensionierte Rose »erschlägt« mit ihrer Wirkung jeden gutgemeinten Gestaltungsversuch und Albrecht Dürers »Betende Hände« geraten auf Grabsteinen nicht selten zum industriell vorgefertigten Kitsch.

## Ein harmonisches Gesamtbild

Eine Grabstätte sollte als Ganzes wirken und die Bestandteile sich dem gestalterischen Konzept unterordnen. Insofern müssen sich auch die Bepflanzung und das Grabmal ergänzen. Wichtig ist es daher, bereits bei der Auswahl des Steins bezüglich der Rahmenpflanzen, ihrer

Christliche Symbole von links nach rechts: Taube mit Ölzweig als Überbringerin der Friedensbotschaft; der Stern Bethlehems zur Erinnerung an Christi Geburt; die Taube als Sinnbild des Heiligen Geistes; das sogenannte Christusmonogramm; das Lamm Gottes – gleichzeitig Opferlamm und Sinnbild der Gemeinde Gottes; der Fisch als bildliche Verkörperung Christi.

## Pflicht zur Grabgestaltung und Pflege

In der Bundesrepublik besteht ein Friedhofszwang. Erdbestattungen und Aschebeisetzungen sind nur auf kommunalen oder kirchlichen Friedhöfen möglich. Dieser Pflicht zur Beisetzung auf einem öffentlichen Friedhof entspricht der Rechtsanspruch auf die Gewährung einer Grabstätte. Damit verbunden ist weiterhin das Recht auf die Gestaltung der Grabstätte im Rahmen der Bestimmungen örtlicher Friedhofssatzungen. Genau diese Satzungen schreiben aber regelmäßig ebenso die Pflicht zur Pflege vor. Die Pflegepflicht beginnt mit dem Tag des Erwerbs einer Grabstelle.

Wenn der Nutzungsberechtigte das Grab nicht hinreichend pflegt und es nicht in einem dem Friedhofscharakter entsprechenden, würdigen Zustand hält, mahnt die Verwaltung zur angemessenen Instandhaltung an. Sofern keine verantwortliche Person ermittelt werden kann, wird an der Grabstätte ein Hinweisschild angebracht, das in der Regel für die Dauer von 3 Monaten aufgestellt wird. Nach Ablauf dieser Frist ist die Friedhofsverwaltung berechtigt, das betreffende Grab auf Kosten der verantwortlichen Person einzuebnen und einzusäen. Außerdem kann sie das Nutzungsrecht an der Grabstätte entschädigungslos entziehen.

Ähnliche Regelungen sind auch für Kränze, Gestecke, Blumen und sonstigen Grabschmuck vorgesehen. Sie müssen, zum Beispiel nach dem Verwelken, rechtzeitig entfernt werden. Geschieht dies nicht, so ist auch in diesem Falle die Friedhofsverwaltung zum entschädigungslosen Entsorgen berechtigt.

Bezüglich des Grabmales sind Nutzungsberechtigte zur regelmäßigen Überprüfung der Standsicherheit verpflichtet. Da diese Überprüfung gleichzeitig auch durch den Friedhofsträger erfolgt, ist auf entsprechende Hinweise zum Beispiel durch Beauftragung eines Steinmetzen zu reagieren.

**Die Elemente der Grabgestaltung in ausgewogener Kombination: das Stachelnüßchen (*Acaena buchananii*) harmoniert farblich sowohl mit dem Stein als auch mit den Gräsern. Die Adlerschwingeneibe (*Taxus baccata* 'Dovastoniana') und der Japanische Ahorn (*Acer palmatum*) bestechen durch Form und Farbe, ohne aufdringlich zu wirken.**

Laubfärbungen, Blüten, Höhen und Wuchsformen und der Bodendecker genaue Vorstellungen zu besitzen.

Bei den Steinen ist, ähnlich wie bei der Pflanzenauswahl, die Vielfalt des angebotenen Sortimentes groß und nicht alles ist sinnvoll. Industriell gefertigte »Breitwandsteine« sind ebenso anonym und einfallslos wie Einheitsgrün aus Cotoneaster.

Viele Steinmetze bieten schlichte, individuelle oder auch außergewöhnliche Grabmale an, die Pflanzenwelt steht mit zierlichen Gräsern, belebenden Stauden und bizarren Nadelgehölzen zur Verfügung.

Die angebotene Vielfalt sollte jeweils innerhalb des passenden Rahmens genutzt werden.

22

# Die Gestaltung der Grabstätten mit Pflanzen

Drei unterschiedliche Kategorien von Pflanzen prägen das Bild der Grabgestaltung: die Rahmenpflanzen, die Bodendecker und die Wechselpflanzen.

## Rahmenpflanzung

Zur Rahmenpflanzung gehören die das Gesamtbild prägenden, höherwachsenden Gehölze. Sie werden oft am oberen Ende des Grabes, in der Regel rechts und links vom Grabstein angeordnet und geben der Anlage das Gesicht, umrahmen den Stein, betonen oder mildern seine Wirkung und verbinden die individuelle Grabstelle mit ihrer Umgebung.

Es eignen sich vor allem langsam- oder kleinwüchsige Gehölze, die der begrenzten Fläche entsprechen.

Ausgewachsene Pflanzen sollten nicht höher als 80 cm bis maximal 250 cm werden. In der Regel werden zwischen zwei und fünf solcher Rahmenpflanzen verwendet. Sehr unterschiedlich ist dabei die Wirkung von Nadelgehölzen (Koniferen) und Laubgehölzen.

Kiefern (Hier: *Pinus mugo*) sind dankbare und unempfindliche Vertreter in der Reihe der Rahmenpflanzen. Augenfällig bei diesem Grab die Wechselbepflanzung mit dunkellaubigen Eisbegonien (*Begonia-Semperflorens-Hybriden*).

Nadelgehölze, wie z.B. kleinbleibende Kiefern, Eiben-, Fichten- und Tannenarten, sind immergrün und bilden auch im Herbst und im Winter ein dauerhaft »grünes Gerüst«.

Ihre Wuchseigenschaften machen sie ausgesprochen pflegeleicht. Schnittmaßnahmen sind kaum erforderlich und die meisten Arten kommen mit sehr unterschiedlichen Boden- und Lichtverhältnissen zurecht. Bis auf wenige Ausnahmen werden Nadelgehölze auch nur selten von Krankheiten und Schädlingen befallen.

Bei den Laubgehölzen findet man hingegen immergrüne und laubabwerfende Arten. Immergrün sind zum Beispiel die bekannten Rhododendron in vielerlei Arten und Sorten ebenso wie Kirschlorbeer, Buchsbaum, Berberitzen und Skimmien. Einige Arten und Sorten sind starkwüchsiger als die Nadelgehölze und bedürfen aber dann gezielter Schnittmaßnahmen, wobei sie aber auch wesentlich schnittverträglicher als die Nadelgehölze

sind. Fehler beim Pflanzenschnitt wachsen meist leichter wieder aus und das Wuchsbild wird nicht dauerhaft beeinträchtigt. Der immergrüne und äußerst schnittverträgliche Buchsbaum ist zum Beispiel für den Formschnitt bestens geeignet. Im Gegensatz zu den Nadelgehölzen schmücken sich einige immergrüne Laubgehölze mit ihren Blüten – besonders bei Rhododendron – und ihren im Spätsommer bis Herbst erscheinenden Früchten – so bei Berberitzen und Skimmien.

Von den laubabwerfenden Gehölzen sind auf den Grabstellen vor allem Ahornarten, Scheinquitten, Schneeballarten, Roseneibisch und Zwergmispelarten zu finden. Ihre Vorteile liegen zuvorderst in den oft sehr schönen Herbstfärbungen (zum Beispiel Ahorn- und Zwergmispelarten), der Blüte, stark duftend und sehr früh zum Beispiel bei Schneeballarten, und dem Fruchtschmuck mit der Scheinquitte als bekanntem Beispiel. Nicht jedermanns Sa-

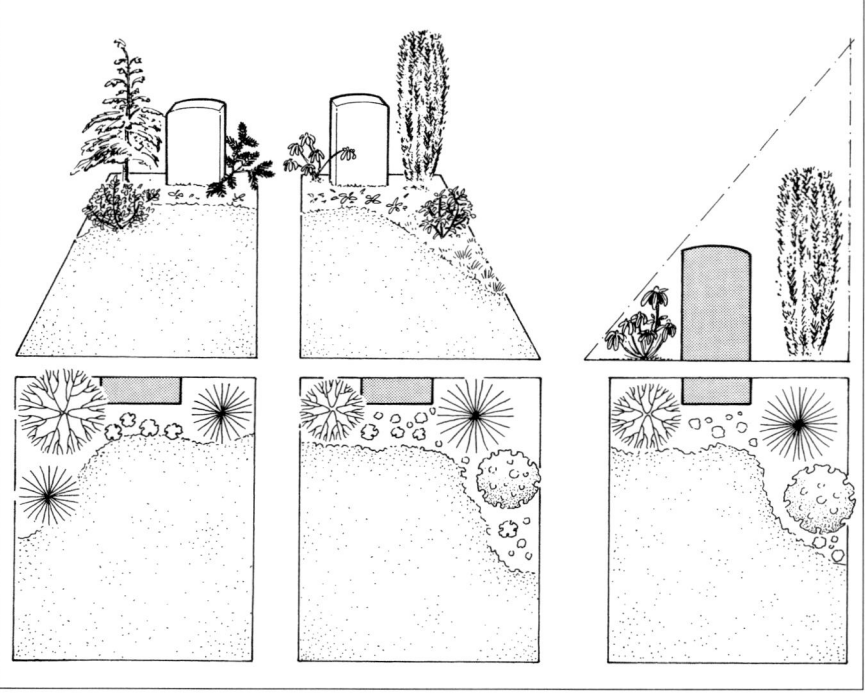

**Die Raumbildung wird verstärkt, wenn die Gehölze auf beiden Seiten unterschiedlich weit vorgezogen werden.**
**Rechte Zeichnung:**
**Eine asymmetrische Höhenabstufung dient als Hilfsmittel zur Erzielung räumlicher Wirkung und macht die Bepflanzung interessanter.**

che ist der Anblick des blattlosen Astgerüsts im Winter und als nachteilig gilt auch der zusätzliche Pflegeaufwand für das Entfernen der Blätter nach dem Laubfall. Eine Kombination mit immergrünen Laubgehölzen und/oder Koniferen gleicht diesen Nachteil weitgehend aus.

## Bodendecker

Bodendecker nehmen auf Friedhöfen den Hauptanteil der Pflanzfläche in Anspruch. Die Bezeichnung gibt bereits hinreichend Auskunft über die Funktion dieser Pflanzengruppe. Es sind im Schnitt nur 5 bis 25 cm hoch werdende Pflanzen, die den Boden möglichst dicht und dauerhaft bedecken sollen.

Dicht und dauerhaft setzt immergrüne Pflanzen voraus, die zudem allesamt über hinreichende Winterhärte verfügen müssen. Dabei sind diese Eigenschaften keinesfalls nur aus optischen Gründen von Bedeutung, ebenso wesentlich sind

sie für die Reduzierung der Pflege durch eine weitgehende Unterdrückung der Wildkräuter.

## Gehölze als Bodendecker

Am häufigsten werden niedrigbleibende, immergrüne Laubgehölze wie Zwergmis-

Oben: Azaleen und Rhododendron in verschiedenen Farben bilden im blühenden Zustand eine prachtvolle und in der Größe gut auf das Grab abgestimmte Rahmenpflanzung.

Hier sind nicht nur die Buchsbaum-Säulen und -Kugeln (*Buxus sempervirens*) ein Blickfang, sondern ebenso die Frühjahrs-Wechselbepflanzung aus Vergißmeinnicht (*Myosotis*-Hybriden).

Rechte Seite oben: Leberbalsam (*Ageratum houstonianum*) sind sehr blühfreudig, wenn im Sommer für gleichmäßige Feuchtigkeit gesorgt wird.

Rechte Seite unten: Eine herbstliche Wechselbepflanzung mit Eriken (*Erica gracilis*), weißbunten Strauchveronika (*Hebe*-Andersonii-Hybriden) und Silberblatt (*Senecio bicolor*).

Knollenbegonien bieten in ihren Sorten eine Vielfalt an Farben und Formen für die Wechselbepflanzung.

pel, Efeu, Kriechspindel, Immergrün und Dickmännchen (*Pachysandra*) verwendet. Bei allen genannten Pflanzenarten gibt es betont niedrig bleibende, zum Teil kleinblättrige Sorten, die ganz speziell für die Grabbepflanzung geeignet sind. Auf sie wird im Einzelnen im Kapitel »Schöne Pflanzen für die Bodendeckerpflanzung« eingegangen. Verwendung finden als Bodendecker auch einige wenige Nadelholzarten, so z.B. Kriechwacholder.

In ihren Ansprüchen an den Boden sind die oben genannten Beispiele nicht so wählerisch. Auch bei den Lichtverhältnissen erstaunt die Verträglichkeit der meisten Arten. Immergrün, *Pachysandra* und Efeu ziehen allerdings halbschattige bis schattige Standorte deutlich den vollsonnigen vor.

Je nach Pflanzenart sind ein bis drei Rückschnitte pro Jahr erforderlich. Sie fördern das dichte Laubwerk und verstärken so die optische Wirkung einer geschlossenen Pflanzendecke. Nach oben strebende Triebe werden entfernt.

Außer diesen gibt es weitere Arten, die sowohl an den Boden als auch an die Lichtverhältnisse gesteigerte bis höchste Ansprüche stellen. Dafür entschädigen sie dann aber den Verwender auf ihre Art. Die großen weißen Blüten bei einer Hartriegelart (*Cornus canadensis*) oder das glänzend dunkelgrüne Laub und der Beerenschmuck bei der Scheinbeere (*Gaultheria procumbens*) sind sicherlich etwas Besonderes. Bei diesen Pflanzen sind die Bodenvorbereitungen aber erheblich intensiver zu betreiben, insbesondere muß, z.B. durch verstärktes Einarbeiten von Torf, der Boden auf den richtigen Säuregrad eingestellt werden.

## Stauden als Bodendecker

In den letzten Jahren finden auch bodendeckende Stauden zunehmend Verwendung. Stauden sind ebenfalls mehrjährig, also dauerhaft; im Gegensatz zu den verholzten, »harten« Gehölztrieben der genannten Kleingehölze aber »weich« und krautig. Zu den immergrünen, niedrig bleibenden Stauden für die Grabbepflanzung zählen Haselwurz (*Asarum*), Stachelnüßchen (*Acaena*), Fiederpolster (*Cotula*), Katzenpfötchen (*Antennaria*), Andenpolster (*Azorella*), Arten der Fetten Henne (*Sedum*), des Steinbrech (*Saxifraga*) und andere mehr.

Ihre Vorzüge liegen vor allem in der größeren Farben- und Formenvielfalt der Blätter. So findet etwa das rötliche Laub einer Stachelnüßchen-Art oder das silbrig behaarte des Katzenpfötchens nur wenig entsprechendes bei den bodendeckenden Gehölzen. Zudem sind einige mit zwar kleinen, aber dennoch hübschen Blüten versehen, dies gilt z.B. für *Sedum*- und Steinbrecharten.

Das Erscheinungsbild dieser bodendeckenden Stauden ist häufig abwechslungsreicher und individueller, als dies bei den Kleingehölzen der Fall ist. Mit Stauden bepflanzte Flächen wirken so oft lebendiger als ein mit Zwergmispel oder grünblättriger Kriechspindel bedecktes Grab.

Auf der anderen Seite ist der Pflegeaufwand bei Stauden etwas höher als bei bodendeckenden Gehölzen. Findet man die abgeblühten Blütenstände des Katzenpfötchens oder des Steinbrech zum Beispiel »unordentlich«, so muß eben zwischendurch geschnitten oder ausgebrochen werden. Außerdem besteht bei einigen Stauden in harten Wintern mit Kahlfrost eher als bei Gehölzen die Gefahr des »Auswinterns«. Das bedeutet, daß kleinere oder größere Teilflächen eingehen und verkahlen.

Insgesamt aber bilden die Stauden auf dem Friedhof ein positiv wirkendes Element und man sollte die Liste der geeigneten Arten und Sorten sehr ernsthaft in die Pflanzüberlegungen mit einbeziehen.

## Wechselbepflanzung

Die Pflanzen dieser Gruppe werden für Beete mit jeweils jahreszeitlich passender Bepflanzung verwendet. Die Bepflanzung wird in der Regel zwei- bis dreimal im Jahr ausgewechselt.

## Sommerblumen

Die größte Auswahl bietet hier natürlich die Sommerpflanzung mit dem großen Sortiment an Beet- und Balkonpflanzen. Sie beginnt, wenn mit Nachtfrösten kaum mehr zu rechnen ist. Traditionell ist dies nach den Eisheiligen Anfang Mai. In milderen Gegenden Deutschlands werden aber bereits Anfang bis Mitte April die meisten Arten von den Gärtnereien und Blumengeschäften zum Kauf angeboten. Wer dann schon pflanzt, muß mit dem allerdings recht geringen Risiko leben, daß ein kräftiger Nachtfrost eine Neupflanzung erfordert.

Zum friedhofstypischen Sortiment gehören so bekannte Pflanzen wie Geranien, Fuchsien, Knollenbegonien, Eisbegonien, Fleißiges Lieschen und Studentenblume. Seltener sieht man Alpenveilchen, Kußröschen und Cinerarien.

Rechte Seite oben:
Herbstliches Struk-
turbeet mit einer
Vielzahl verschie-
denster Pflanzen:
Gräser, Winter-
heide, Mini-Cycla-
men, Chrysan-
themen, Strauch-
veronika, Pernet-
tien und Silberblatt.
Zusammen mit der
ebenfalls auffälligen
weißbunten Kriech-
spindel (*Euonymus
fortunei* 'Emerald
Gaiety') eine sehr
bunte, aber durch-
aus ansprechende
Gestaltung.

Rechte Seite unten:
Strukturbeet mit
Eriken in verschie-
denen Blüten- und
Blattfarben,
Strauchveronika,
Moos und einem die
Form unterstrei-
chenden Ast auf
»ruhiger« Efeu-
Unterlage.

Frühjahrsschale mit
duftenden Hyazin-
then (*Hyacinthus
orientalis*).

Genauere Hinweise zur Eignung der einzelnen Arten für bestimmte Standorte
sind im Kapitel »Schöne Pflanzen für die
Wechselbepflanzung« zu finden.

Die Fülle der Arten und Farben ver-
führt oft zu leichtsinniger Mischung.
Hier aber gilt es zu bedenken, daß der
Friedhof anderen Regeln unterworfen ist,
als beispielsweise die Bepflanzung von
Balkonkästen. Wo bei letzteren fröhli-
ches Farbenspiel und bunte Mischung
gefragt sein kann, ist auf dem Friedhof
dezente Zurückhaltung geboten. Für die
Wechselbepflanzung angemessen ist daher die Verwendung von nur einer Art
oder eine harmonischer Farbkombina-
tion zweier Arten. Bei eng nebeneinander liegenden Reihengräbern sollte man
so weit wie möglich auch die Farben der
direkten Nachbargräber berücksichtigen.

Das Entfernen alter Blütenstände, Gießen in trockenen Sommern und das Jäten
der Wildkräuter sind die wesentlichen
Arbeiten in diesem Beet.

Außerdem können bestimmte nicht
winterharte Pflanzen zur Einrahmung
der Wechselbepflanzung, zur Einrahmung der gesamten Grabfläche oder zur
Anlage sogenannter Teppichbeete Verwendung finden. Ein Dickblattgewächs –
die Echeverie – gehört z.B. dazu. Da eine
Überwinterung in kühlen Räumen durchaus möglich ist, sind sie rechtzeitig vor
den ersten Nachtfrösten zu sichern.

## Der herbstliche Grabschmuck

Der Sommerbepflanzung folgt der herbstliche Grabschmuck. Oft wird dies witte-
rungsbedingt schon vor den traditionel-
len kirchlichen Feiertagen Allerheiligen
und Allerseelen erfolgen. Zu diesen Gele-
genheiten wird die Pflanzung dann oft
noch mit einem Grableger, einem Kranz
oder Strauß ergänzt.

Charakteristisch für den Herbst sind
Eriken in verschiedenen Blütenfarben.
Daneben finden Chrysanthemen und
grau- bis silbrigblättrige Cinerarien (Silberblatt) Verwendung. Fällt die Wahl auf
winterharte Eriken, so kann diese Pflanzung bis zum nächsten Frühjahr über-
dauern. Danach können die Eriken sogar
noch in den eigenen Garten, in Kästen
oder Pflanzkübel umgepflanzt werden.

Kommen nicht winterharten Eriken,
Chrysanthemen oder anderes zum Einsatz, so sollte die Fläche nach dem Ab-
frieren der Pflanzung geräumt werden. Je
nach Jahreszeit und Klimagebiet kann
man dann schon Stiefmütterchen pflanzen, deren hauptsächlicher Blütenflor
freilich erst im folgenden Frühjahr
schmückt.

Das meist nicht sehr große Beet für die
Wechselbepflanzung mag nun durchaus
über Winter auch offen bleiben. Als optisch schönere Alternative bietet sich allerdings das Abdecken mit Koniferen-
zweigen – hauptsächlich Tannenarten –
an. Einfache Fichten sind für diesen
Zweck ungeeignet. Sie nadeln nach einiger Zeit und man müßte dann schon wieder von Neuem die Fläche abdecken.

## Frühjahrsbepflanzung

Nach dem Winter verheißen Blüten das
kommende Frühjahr und den nächsten
Sommer. So kommt es nicht von ungefähr, daß auch auf dem Friedhof gerne
vor der eigentlichen Sommerbepflanzung
Vorboten der angenehmeren Jahreszeiten im Wechselbeet ihren Platz finden.

Sofern Stiefmütterchen nicht bereits
im Herbst gepflanzt wurden, ist jetzt ab

etwa Anfang März die richtige Zeit. Etwas später erweitert sich die Auswahl um Gänseblümchen, Vergißmeinnicht und Primeln (Schlüsselblumen).

Ende April bis Anfang Mai schließt sich dann wieder der Bepflanzungskreis im Beet der Wechselbepflanzung.

Als Besonderheit sind noch Zwiebelpflanzen wie Schneeglöckchen, kleine Anemonen- und Narzissenarten, Tulpen, Krokus und andere zu nennen. Auch sie passen in begrenztem Maße in die Grabgestaltung. Ihre Pflanzung erfolgt vorwiegend im Herbst. Pflanzort kann unser Beet für die Wechselbepflanzung sein, insbesondere die kleineren Arten mögen aber auch in der Fläche der Bodendecker oder vor dem Stein ihren Platz finden.

## Strukturbeete

Strukturbeete wollen die manchmal etwas eintönig langweilige Form der runden »Tortenbeete« auflockern. Als Wechselbeete im Sommer und im Herbst betonen sie das floristische Element in der Gestaltung. Die Formgebung ist frei und orientiert sich nicht an geometrischen Figuren sondern an der gestalterischen Idee. Wirkung soll die Gruppierung der unterschiedlichen Pflanzen erzielen; die Struktur wird unter anderem durch die Höhenabstufung von Pflanzen der gleichen oder unterschiedlicher Art erreicht.

Auf dem herbstlichen Wechselbeet können Eriken, Callunen, *Cyclamen*, Schwingelarten, Seggen, dazwischen angedrahtetes Moos, ebenfalls gedrahtete Zapfen und Trockenpilze sowie bizarre Holzwurzeln oder Äste das Bild solcher Strukturbeete bestimmen.

Im Sommer wird verstärkt mit diversen Gräsern, Echeverien, Steinbrech-Arten und niedrigen Stauden das übliche Sommerflor-Sortiment ergänzt.

Strukturbeete bilden ganz sicher eine reizvolle Möglichkeit individueller Grabgestaltung. Sie erfordern aber ebenso sicher ein erhöhtes floristisches Geschick, gute Pflanzenkenntnisse und Kreativität. Gegenüber »traditioneller« Wechselbeet-

gestaltung sind sie zudem infolge der größeren Pflanzenvielfalt mit etwas höheren Kosten verbunden.

## Richtlinien für die Grabgestaltung

Die Vielzahl der für die Grabgestaltung geeigneten Pflanzen führt nur allzuleicht zur Anlage eines Botanischen Gartens im Kleinformat.

Grabstellen aber sollen keinesfalls eine Dokumentation der guten Pflanzenkenntnisse des jeweils pflegenden Angehörigen sein, sondern allein »in der Beschränkung zeigt sich hier der Meister«. Nur dezente Zurückhaltung kann der Würde des Ortes entsprechen.

Dazu gehört auch, sich von der einen oder anderen romantischen Vorstellung zu trennen, wie etwa der, das Grab zum Andenken an den teuren Verstorbenen mit einem Baum zu bepflanzen. Aber – von ganz wenigen Ausnahmen abgesehen – sind Bäume für übliche Grabgrößen schlicht ungeeignet, da zu starkwüchsig.

Außerdem soll die vorgegebene, meist sehr kleine Fläche nicht »irgendwie« mit Pflanzen gefüllt werden, sondern eine bewußte Planung muß Grundlage der Grabbepflanzung sein. Erleichtern kann sich jeder diese Planung durch eine Orientierung an den »Richtlinien für die gärtnerische Grabgestaltung«.

Erarbeitet wurden diese von fachkompetenten Gremien: dem »Bund deutscher Friedhofsgärtner« in Zusammenarbeit mit dem Verband der Friedhofsverwalter Deutschlands, dem Bundesinnungsverband des Deutschen Steinmetz-, Stein- und Holzbauerhandwerks und etlichen namhaften Garten- und Landschaftsarchitekten. Gedacht sind sie in erster Linie für Friedhofsgärtner.

Als Richtschnur sind sie jedoch auch für jeden »privaten Gestalter« eine hilfreiche Stütze.

Den Kernpunkt der Richtlinien bilden Vorschläge zur Gliederung der Fläche in bezug auf die drei im Vorkapitel genannten Pflanzengruppen.

Danach sollte bei **zweistelligen Wahlgrabstätten** der Anteil der Bodendecker 60%, der Rahmenpflanzung 25% und der Wechselbepflanzung 10 (15)% betragen.

Sind **Reihengräber** flächig mit Bodendeckern dauerhaft begrünt, so soll

Die Wechselbepflanzung aus Eriken (*Erica carnea*) wiederholt die Form des eigenwilligen Steins.

der Anteil der Wechselbepflanzung nicht unter einem Drittel der Gesamtfläche liegen. Handelt es sich um eine Gestaltung mit Grabhügeln, die von Dauergrün umpflanzt sind, so erhöht sich der empfohlene Anteil der Wechselbepflanzung sogar auf zwei Drittel der Fläche.

Für **Urnengräber** wird ein überwiegender Anteil an Wechselbepflanzung empfohlen. Allein schon aus Gründen der Pflegereduzierung ist hier aber sicherlich von Fall zu Fall auch eine Dominanz der Bodendecker gut und sinnvoll zu vertreten.

Auch für **Kindergrabstätten** empfehlen die Richtlinien die Anlage der Gesamtfläche mit Wechselbepflanzung und mit Blütenstauden.

Trittplatten sind innerhalb der Pflanzflächen nicht als gestalterisches Element, sondern nur aus zweckdienlichen Gründen aufzunehmen. Schalen dienen zur zeitlich begrenzten Bepflanzung anläßlich bestimmter kirchlicher oder persönlicher Feier- und Gedenktage. Demnach sind sie ebenfalls nicht als Dauergestaltungselement einzusetzen.

Ganz sicherlich sollen diese Richtlinien nicht dazu dienen, das Bild der Friedhöfe zu vereinheitlichen. Sinnvoll durchdachte Richtlinien zur Formgebung der Grabstätten ermöglichen erst das Bild vom Friedhof als einer »Gemeinschaftsanlage«. Der relativ hohe Anteil der Bodendecker fördert durch seine ruhige Wirkung den besinnlichen Gesamteindruck eines Friedhofs.

Landschaftlich bedingte, regionaltypische, ökologische und natürlich auch konfessionell geprägte Unterschiede sind zu erhalten oder gar mit neuem Leben zu erfüllen. Ebenso soll die individuelle Kreativität im Rahmen der auf Friedhöfen gegebenen Möglichkeiten ihren Stellenwert behalten.

Dies kann in dem einen Fall Verzicht auf Rahmenpflanzen bedeuten, indem etwa Efeu bis zum Grabmal durchgezogen wird. In anderen Fällen mögen einige raumbildende Gehölze und eine vergrößerte Wechselbepflanzungsfläche

auf Bodendecker verzichten lassen. Auf Dorffriedhöfen und alten Kirchhöfen könnten die genannten Traditionen in der stärkeren Verwendung von Heilpflanzen und Kräutern Gräber mit ureigenem Charakter auferstehen lassen. Selten verwendete Stauden wie Pfingstrosen und Akelei sowie Gräser und Farne lockern allzu starre Reglementierung auf.

Zu recht unberücksichtigt lassen die Richtlinien das Thema der »Grabgestaltung« mit Steinplatten, Kiesabdeckung oder ähnlichem. Kalt, trist und abweisend wirken Friedhöfe mit hohen Anteilen grababdeckender Steinplatten. Der »Fried«-hof gerät mit ihnen zunehmend zur »Totenstätte« in des Wortes negativer Bedeutung.

Soll der Friedhof aber integraler Bestandteil unseres Lebensraumes sein, Umwelt auch zur Erholung, so kann dies allein durch eine von Grünbewußtsein geprägte Gestaltung erfolgen.

Die Fläche der Friedhöfe im Bundesgebiet ist größer als die öffentlichen Parkanlagen. Etwa 800 Millionen Besucher schätzt man pro Jahr! »Steinwüsten« muß man ihnen ersparen.

Wer das Kostenargument strapaziert sollte sich durchrechnen, daß die An-

Hier wiederholen und betonen die weißen Chrysanthemen die Steinform des Urnengrabes.

schaffung von Steinplatten meist teurer ist als Anlage und dauerhafte Pflege eines begrünten Grabes.

## Raumbildung und Pflanzenauswahl

Ungünstig wirken streng symmetrische Pflanzungen von zumeist zwei gleichen, mehr oder weniger steifen Koniferen links und rechts vom Grabmal. Asymmetrische Höhenabstufungen der Rahmenpflanzung helfen, auf der relativ kleinen Grabfläche raumbildend zu wirken. Eine ähnliche Wirkung wird erzielt, indem sich die Rahmenpflanzung der beiden Grabmalseiten ungleich weit nach vorne durchzieht. Die Tiefenwirkung wird zusätzlich durch eine Bepflanzung mit Bodendeckern bis zum Stein erhöht.

Grabhügel sind vom Gesamteindruck her dort problematisch, wo sie innerhalb eines Gräberfeldes nur vereinzelt auftreten. Sofern die örtliche Friedhofssatzung nichts anderes vorschreibt, sollte auf sie verzichtet werden. Flache Grabbeete sind zudem leichter harmonisch zu gestalten. Bei Hügeln bildet dagegen die Umpflanzung der Bodendecker meist eine optisch unschöne »Bilderrahmenwirkung«.

Ein positiver Gesamteindruck der Grabstätten entsteht, wenn die ausgewählten Pflanzen in ihrem Gesamtbild zusammenpassen. Kriterien sind z.B. der Pflanzenaufbau – ob locker und bizarr wie bei der Mädchenkiefer oder steif und aufrecht wie bei der Scheinzypresse – sowie die Struktur – großlaubig wie Kirschlorbeer oder feinnadelig wie die Hemlockstanne. Auch die jahreszeitlichen Unterschiede im Aussehen der ausgewählten Pflanzen spielen eine große Rolle. Die Wirkung eines laubabwerfenden Solitärs, z.B. eines Ahorns, sollte man sich immer in den verschiedenen Jahreszeiten vorstellen.

Wahlgrabstätte mit gelungener Gestaltung: Mini-Cyclamen (*Cyclamen persicum*) im Wechselbeet, die ruhige Wirkung der Bodenbedeckung ist sowohl mit kleinblättrigen Zwergmispel-Sorten als auch mit Heckenkirche (*Lonicera pileata*) zu erreichen, die Rahmenbepflanzung besteht aus Zwergkiefer (*Pinus mugo* ssp. *pumilio*), der gelben Adlerschwingen-Eibe (*Taxus baccata* 'Dovastonii Aureovariegata') und einem *Rhododendron repens*.

Ähnliche Vorstellungskraft erfordert das Grabbild nach einigen Jahren des Wachstums. Rahmenpflanzen sollten ihre Endhöhe nach 5 bis 10 Jahren erreicht haben. Der jährliche Zuwachs darf dabei nicht einen permanenten Rückschnitt erforderlich machen. Schnittmaßnahmen sind vielmehr im Vorfeld, bereits bei der Pflanzenwahl, weitgehend zu vermeiden.

Bei der Verwendung von Stauden, zum Beispiel Gräsern, gilt es zu bedenken, daß die Angaben zur Pflanzenhöhe sich meist nur auf den blütenlosen Zustand beziehen. Aus durchaus verträglichen 50 cm können so je nach Art bei der Blüte schnell 100 bis 120 cm steinverdeckender Gesamthöhe werden.

Auch die Zuordnung einer Grabstelle als vollsonniger oder tiefschattiger Standort kann seine Tücken haben. Im Frühjahr oder Sommer kann für das unter einer ausladenden Buche oder Platane liegende Grab Immergrün (*Vinca*) als richtiger Bodendecker bestimmt werden. Nach dem Laubfall aber wird an frostigen, schneelosen Wintertagen die Sonne diesem Bodendecker dann schwer zu schaffen machen. Reisigabdeckungen sind dann vorübergehend die einzige Abhilfe.

## Farbliche Harmonie

Ziel der Grabgestaltung ist ein ruhiger, harmonischer Gesamteindruck. Dazu gehört selbstverständlich auch die farbliche Harmonie.

Die Richtlinien beziehen dies primär auf die Wechselbeziehungen der Farben untereinander. Zu berücksichtigen ist dieses Farbenspiel insbesondere zwischen Dauer- und Wechselbepflanzung und in der Beziehung zum Grabmal, zudem sind aber auch die Farben und die Hell-Dunkelkontraste der umgebenden Bepflanzung nicht ohne Auswirkung auf das Gesamtbild.

Zu berücksichtigen ist dabei die Farbsymbolik und wie die Farben auf unser

Der zwölfteilige Farbkreis mit den drei Grundfarben und den Mischfarben.

Gefühl wirken. Zum Anderen gilt es, die mehr nüchterne Einteilung oder Beschreibung der Farben zu beachten, so wie wir sie über unser Auge aufnehmen.

Im Sinne der Farbsymbolik etwa gelten weiße Blüten – Lilien und andere – als Symbol der Unschuld und der Demut. In Abbildungen der Mutter Gottes trägt diese häufig in irgendeiner Form weiße Lilien. Grün ist eine in sich ruhende und auch auf den Betrachter beruhigend wirkende Farbe. Sie steht als Symbol für Leben, Wachstum und Hoffnung. Dahingegen wirkt Blau als kalte Farbe. Blau gilt als Symbol für Sehnsucht, Treue und Glauben. Rot ist eine sehr aktive Farbe und wirkt auch auf den Betrachter anregend. Jedermann ist Rot als Symbolfarbe der Liebe bekannt, sie steht aber gleichzeitig für Gewalt, Feuer und Blut. Gelb

Farbsymbolik: Eigenschaften und Wirkungen der Farben.

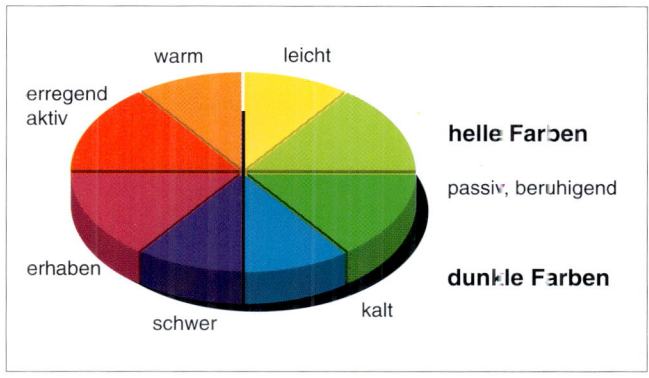

war schon in der Antike die Farbe der Götter, erinnert sie doch an Licht und Sonne und symbolisiert Wissen und Offenheit. Schließlich wird mit Orange gefühlsmäßig Wärme und Sommer verbunden, während Violett als der dunkelste Farbton des Farbkreises eher entgegengesetzte Gefühle verursacht.

Bezüglich der Wirkung der Farben auf das Auge ist zwischen den Primärfarben und den Mischfarben zu unterscheiden. Die Primär- oder Grundfarben sind Rot, Gelb und Blau. Sie lassen sich nicht durch Mischung aus anderen Farben herstellen. Anders – wie der Name bereits ausdrückt – die Mischfarben: Gelb und Rot ergibt Orange; Rot und Blau ergibt Violett; Blau und Gelb ergibt Grün; in Farben wie Gelbgrün und Rotorange setzt sich diese Mischung fort.

Mit der Palette dieser Farben sind nun verschiedene Kontrastwirkungen zu erzielen. Den stärksten und gleichzeitig einfachsten aller Farbkontraste erzielt man durch die Kombination der Primärfarben. Diese auch als **Farbe-an-sich-Kontrast** genannte Wirkung kann bei der Verwendung von gelben und roten Blüten schreiend, unruhig und disharmonisch wirken. Fröhliche Festlichkeiten mögen so dekoriert werden, im Rahmen der Grabgestaltung ist auf diesen Kontrast hingegen zu verzichten.

Der **Hell-Dunkel-Kontrast** bezieht sich bei der Grabgestaltung auf die Tatsache, daß Helligkeitabstufungen vom Auge im dunklen Bereich schlechter als im Hellen wahrgenommen werden. Konkret bedeutet dies, daß dunkelblaue oder violette Stiefmütterchen zwischen Gehölzen zumindest an trüberen Tagen nur noch als »dunkle Löcher« gedeutet werden. Das Auge kann bei abnehmendem Licht im dunklen Farbbereich Einzelheiten der Blüte dann kaum mehr differenzieren. Gelbe Blüten würden in der geschilderten Situation dagegen den Ansprüchen entsprechen.

Auf diese Wahrnehmungsfähigkeit bezieht sich auch der **Quantitätskontrast**. Da dunkle Blüten vor dunklerem Hintergrund eben weniger auffallen, müssen sie in größeren Mengen gepflanzt werden, wenn sie zur Wirkung gelangen sollen. Dies bedeutet, daß man doppelt so viele blaue Blütenpflanzen wie etwa orangefarbene benötigt, um vor einem dunklen Hintergrund den gleichen Aufmerksamkeitsgrad zu erreichen. Zu beachten ist, daß sich vor einem hellen

Das silbergraue Laub des Katzenpfötchens (*Antennaria dioica*) verbindet die restlichen Farben dieser Wahlgrabstätte miteinander: vom Beige des Sandsteins über das dunkle Grün der Eiben (*Taxus baccata*) bis zum Rosarot des Leberbalsams (*Ageratum houstonianum*).

Hintergrund dieses Zahlenverhältnis umdreht, da nun die dunkleren blauen oder violetten Blüten einen größeren Kontrast bilden.

Aus der Zweiteilung des Farbkreises in kalte und warme Farben ergibt sich als drittes Element ein **Kalt-Warm-Kontrast.** Er besitzt in der Gestaltungslehre eine raumschaffende Funktion: warme Farben empfindet der Betrachter als nach vorne drängend, während die kälteren Farben nach hinten zu fliehen scheinen. Dies läßt sich umsetzen, indem blaue Blüten dort eingesetzt werden, wo die Illusion von Tiefe gewünscht wird.

Der **Komplementärkontrast** ergibt sich aus Farbpaaren, die sich im Farbkreis immer über den Mittelpunkt hinweg gegenüberstehen. Diese komplementären Farbpaare sind:
- Gelb und Violett;
- Orange und Blau;
- Rot und Grün;
- Rotviolett (Purpur) und Gelbgrün;
- Gelborange und Blauviolett;
- Rotorange und Blaugrün.

Das menschliche Auge sucht zu einer vorhandenen Farbe die komplementäre Ergänzung und fordert und erzeugt diese Farbe selbsttätig, sofern sie nicht vorhanden ist. In der Kombination komplementärer Blütenfarben wird die Leuchtkraft beider Farben gesteigert. Rote Blüten oder Früchte leuchten vor grünem Hintergrund stärker als etwa vor Blau oder Violett.

# Pflanzen mit Symbolcharakter

Bereits bei der Symbolik auf Grabsteinen war vom Verlust an Bewußtsein bezüglich der Bedeutung solcher Symbole die Rede. Sehr viel mehr trifft dieser Kenntnisverlust auf die symbolische Bedeutung vieler Pflanzen zu.

Die ohnehin sparsame Verwendung von Pflanzen im Mittelalter richtete sich zum einen nach dem, was sich im Heilkräuter- und Nutzpflanzengarten gerade

anbot. Zum anderen aber übten Glaubensvorstellungen, Ableitungen aus Bibelworten, religiöse Darstellungen und alte Überlieferungen einen gewichtigen Einfluß auf die Pflanzenauswahl aus.

Paradiesische Vorstellungen vom Garten Eden, Verehrung der Jungfrau Maria und das Bild der aus dem Körper entweichenden Seele, die als Blume erblüht, sind nur einige der Sinnbilder, die durch Pflanzen symbolisiert wurden.

Die Wiederverwendung solcher Symbolpflanzen kann wie die stärkere Einbeziehung von Stauden der Eintönigkeit und Gleichmacherei auf Friedhöfen entgegenwirken. Gerade beim heutigen Blick auf viele ländliche Friedhöfe lernt man, den Symbol- als auch den Traditionsverlust zu bedauern.

## Trauer- und Totenblumen

Hier finden sich die Pflanzen mit den ältesten Symbolwerten. So galt die

Rot und Grün als ein klassischer Komplementärkontrast.

Asphodeline oder Affodill (*Asphodelus ramosus*), eine mit den Blütenständen bis 1,5 m hoch werdende Staude, bei den Griechen als die eigentliche Trauerpflanze. In wärmeren Gegenden Deutschlands ist sie wie die auf Seite 57 genannten Solitärstauden zu verwenden.

Trauer, Schmerz und Tod drückt weiterhin der Wermut (*Artemisia absinthium*) aus; gleiches gilt für das Heiligenkraut (*Santolina chamaecyparissus*), eine bei uns nicht ganz winterharte Staude.

Als Schlafsymbol und Totenblume gilt der Mohn (*Papaver rhoeas*) und auch die kräftig gelbe, einjährige Ringelblume (*Calendula officinalis*) trägt in bestimmten Regionen die Bezeichnung »Totenblume«, obschon ihr in alten Kräuterbüchern eher eine Vielzahl heilender Wirkungen zugeschrieben wird. Chrysanthemen sind hingegen erst im letzten Jahrhundert zur Blume des Totengedenkens im November geworden, im Zusammenhang wohl mit der um diese Zeit stattfindenden Blüte.

Bei den Gehölzen gilt die Eibe wegen ihres dunklen Aussehens und ihrer Giftigkeit als Totenbaum, gleichzeitig aber soll sie vor bösen Geistern und Hexen schützen. Ihr Standort galt in früheren Zeiten als heilig.

## Symbole der Unsterblichkeit

Zuvorderst ist hier der Efeu zu nennen. Unsterblichkeit, Glauben an Auferstehung, Sinnbild der Treue und der Freundschaft sind einige der Attribute, die dem Efeu seit der Christianisierung zugeschrieben werden.

Die gleiche Symbolik kommt dem Immergrün (*Vinca minor*) und dem Buchsbaum zu, der wegen seiner Langlebigkeit zudem für Ausdauer und Standfestigkeit steht. Der Wacholder (*Juniperus communis*) wiederum soll den Seelen als Zufluchtsort dienen, von dem aus sie wiedergeboren werden können.

Einige Pflanzen bilden dauerhafte, »unsterbliche« oder »immortelle« Hüllblätter (Blütenstände) aus und zählen ebenfalls zur Gruppe der Unsterblichkeitssymbole: Strohblumen (*Helichrysum*-Arten), Rote Immortelle (*Gomphrena globosa*) und das Perlkörbchen oder Silberimmortelle (*Anaphalis margaritacea*).

Dem Symbol der Unsterblichkeit nahe steht der Sieg über den Tod, ausgedrückt durch Palmwedel. Gleichzeitig sind sie Friedenssymbol, zeigen Lebenskraft und gutes, zurückliegendes Leben an – »...der Gerechte wird grünen wie ein Palmbaum«.

## Marienblumen und andere Symbolpflanzen

Sehr zahlreich ist die Gruppe der Pflanzen, die auf die eine oder andere Art die Unschuld Marias, ihre Tugend, Demut, ihre Bescheidenheit oder ihre Schmerzen symbolhaft verkörpern oder wie die Rose als christliches Sinnbild Mariens schlechthin gelten.

In diesem Sinne sind aufzuzählen der Aronstab (*Arum maculatum*), die Akelei (*Aquilegia vulgaris*), das Maßliebchen (*Bellis perennis*), Lilien (insbesondere *Lilium candidum*) und Lavendel (*Lavandula angustifolia*), die Pfingstrose, Schlüsselblumen (*Primula veris*), der Rittersporn (*Delphinium*-Hybriden) und auch die einjährige, wohlriechende Wicke (*Lathyrus odoratus*).

Sowohl der Engelwurz (*Angelica archangelica*) als auch die Stiefmütterchen sind Sinnbilder der Dreifaltigkeit Gottes. Maiglöckchen (*Convallaria majalis*) sind Sinnbild der Jugend und der reinen Liebe, oft auch zusammen mit Lilien zu finden. Jugend und reine Liebe wird außerdem durch Rosmarin (*Rosmarinus officinalis*) dargestellt, während Duftveilchen (*Viola odorata*) als Symbol großer und edler Bescheidenheit gelten.

# Beispiele für die Grabgestaltung

## Reihengräber für sonnige Standorte

**Grab links**

Für leichte, sandige Böden, vollsonnig
1 Irischer Säulenwacholder (*Juniperus communis* 'Hibernica')
2 Krummholzkiefer (*Pinus mugo* ssp. *mugo*)
3 Winterheide (*Erica carnea* 'Winter Beauty') – 15 Stck.
4 Felsenmispel (*Cotoneaster dammeri* 'Frieders Evergreen') – 30 Stck.
5 Schafschwingel (*Festuca ovina*) – 10 Stck.

**Grab Mitte**

Für alle Bodenarten mit Ausnahme saurer Böden, vollsonnig
1 Lavendel (*Lavandula angustifolia*)
2 Hängemispel (*Cotoneaster* 'Pendulus')
3 Bodendeckende Rosen 'Swany' – 2 Stck.
4 Blauschwingel (*Festuca glauca*) – 6 Stck.
5 Silberwurz (*Dryas suendermannii*) – 40 Stck

**Grab rechts**

Für saure, torfhaltige Böden, sonnig bis halbschattig
1 *Rhododendron impeditum* (2 Stck.)
2 Diamant-Azalee
3 Blaustrahlhafer (*Avena sempervirens*)
4 Vergißmeinnicht (Frühjahr); – ca. 20 Stck. Eisbegonien (Sommer); – ca. 20 Stck. Alpenveilchen (Herbst); – ca. 20 Stck. Tannen- oder Rindenmulchabdeckung (Winter)
5 Scheinbeere (*Gaultheria procumbens*) – 35–40 Stck.

37

# Reihengräber mit individueller Bepflanzung

## Grab rechts und Foto

Für sonnige Standorte

1 Krummholzkiefer (*Pinus mugo* ssp. *mugo*)
2 Flammendes Käthchen (*Kalanchoe bloßfeldiana*) – ca. 5 Stck.
3 Eisbegonie (*Begonia*-Semperflorens-Hybride) – ca. 3 Stck.
4 Papageienblatt (*Althernanthera ficoidea* in zwei Sorten) – ca. 12 Stck.
5 Echeverie (*Echeveria elegans*) – ca. 15 Stck.
6 Felsenmispel (*Cotoneaster dammeri*) – ca. 25 Stck.
L Grablampe

## Grab links

Staudenbepflanzung für halbschattigen Standort

1 Pfingstrose (*Paeonia officinalis*)
2 Segge (*Carex umbrosa*) – ca. 2 Stck.
3 Christrose (*Helleborus niger*) – ca. 2–4 Stck.
4 Chinesische Prachtspiere (*Astilbe chinensis* var. *pumila*) – ca. 12 Stck.
5 Abdeckung mit Rindenmulch, Graberde oder nach Geschmack auch Wechselbepflanzung oder Schale mit wechselnder Bepflanzung
L Grablampe

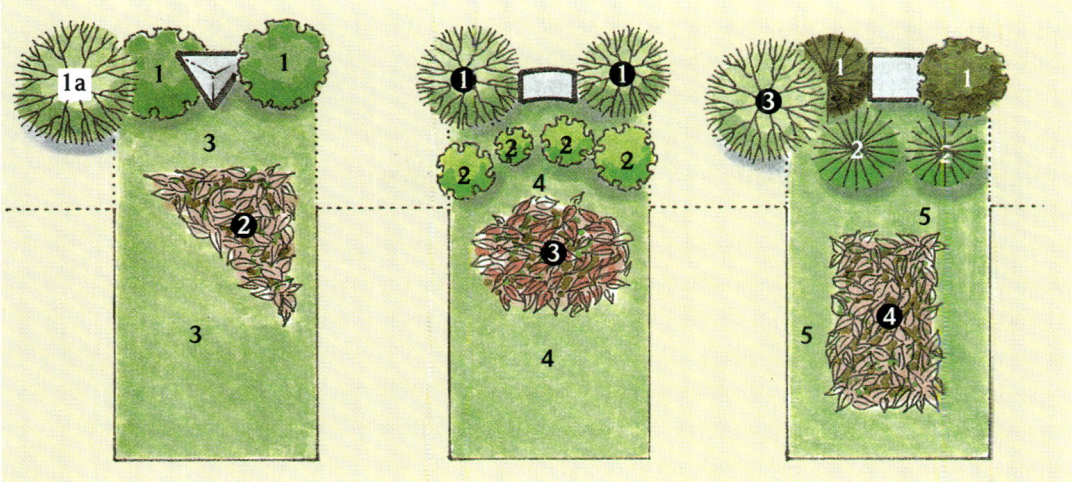

# Reihengräber für halbschattige bis schattige Standorte (Herbstpflanzung)

**Grab links**
1 Stechpalme (*Ilex aquifolium*)
1a Lavendelheide (*Pieris japonica*)
2 Winterheide (*Erica carnea*) –
   15 Stck.
3 Efeu (*Hedera helix* 'Deltoidea') –
   25 Stck.

**Grab Mitte**
1 u. 2 Lavendelheide (*Pieris floribunda* und *Pieris japonica*)
3 Alpenveilchen (*Cyclamen
   persicum*) – 15 Stck.
4 Efeu (*Hedera helix*) –
   15–20 Stck.

**Grab rechts**
1 Rhododendron (*Rhododendron-
   Catawbiense-Hybriden*)
2 Rhododendron (*Rhododendron-
   Repens-Hybriden*)
3 Lavendelheide (*Pieris japonica*)
4 Heide (*Erica gracilis*) – 20 Stck.
5 Felsenmispel (*Cotoneaster dammeri*) – 30 Stck.

## Wahlgräber für sonnige bis schattige Standorte

### Grab oben und Foto

Für vorwiegend sonnige Standorte (Herbstpflanzung)

1. Eibe (*Taxus baccata*, durch Schnitt in gleicher Höhe wie der Stein gehalten)
2. Gelbe Strauch-Eibe (*Taxus baccata* 'Washingtonii')
3. Gelbbunte Kriechspindel (*Euonymus fortunei* 'Emerald Gold') – 15 Stck.
4. Weißbunte Lavendelheide (*Pieris japonica* 'Variegata')
5. Felsenmispel (*Cotoneaster dammeri*) – 40 Stck.
6. Heide (*Erica gracilis* – 6 Stck.) mit Umrandung aus Silberblatt (*Senecio bicolor*) – 8 Stck.

### Grab unten

Für halbschattige bis sonnige Standorte (Humushaltiger Boden mit niedrigem pH-Wert, Sommerbepflanzung)

1. Roter Fächer-Ahorn (*Acer palmatum* 'Atropurpureum')
2. Vorfrühlings-Alpenrose (*Rhododendron praecox*)
3. Muschel-Scheinzypresse (*Chamaecyparis obtusa* 'Nana Gracilis')
4. Skimmie (*Skimmia japonica*) – 2 Stck.
5. Christrosen (*Helleborus niger*) – 5–7 Stck.
6. Immergrüne (*Vinca minor*) – 40 Stck.
7. Fuchsie (*Fuchsia*-Hybriden) – 12–15 Stck.

## Wahlgräber für halbschattige und für schattige Standorte

### Grab oben

Halbschatten, aber auch noch Sonne verträgt dieses Grab.

1 Schlangenhautkiefer (*Pinus leucodermis*)
2 Krummholzkiefer (*Pinus mugo*)
3 Lavendelheide (*Pieris japonica* 'Variegata')
4 Felsenmispel (*Cotoneaster dammeri*) – 35–40 Stck.
5 Weiße Margeriten – 10–15 Stck.

### Grab unten

Bepflanzung für einen schattigen Standort unter Bäumen

1 Kisseneibe (*Taxus baccata* 'Repandens')
2 Adlerschwingeneibe (*Taxus baccata* 'Dovastoniana')
3 Hyazinthen (Nach der Blüte ist nur noch das Laub vorhanden, das man auch bis zum Vergilben zur Stärkung der Zwiebeln stehen lassen muß.) – ca. 10 Stck.
4 Efeu (*Hedera helix*) – 30–40 Stck.
5 Gänseblümchen (*Bellis perennis*) – 25 Stck.

# Zweistellige Wahlgräber für sonnige Standorte

**Grab links**

Wahlgrab, ohne Beet zur Wechselbepflanzung, bevorzugt für leichtere, sandig-humose Böden, Heidecharakter, Spätherbst-/Winterbepflanzung

1 Torfmyrthe (*Pernettia mucronata*) – 3 Stck.
2 Trauerbirke (*Betula pendula* 'Youngii')
3 Winterheide (*Erica carnea*) – 30 Stck.
4 Blauschwingel (*Festuca glauca*) – 5 Stck.
5 Sommerheide (*Calluna vulgaris*) – 10–12 Stck.
6 Strauchveronika (*Hebe armstrongii*) – 1 Stck.
7 Seidelbast (*Daphne mezereum*) – 1 Stck.
8 Niederliegender Ginster (*Cytisus decumbens*) – 2 Stck.

**Grab rechts**

Wahlgrab, für alle Böden mit etwas Humus geeignet, Sommerbepflanzung

1 Gelbe Säuleneibe (*Taxus baccata* 'Fastigiata Aureo-Marginata')
2 Mädchenkiefer (*Pinus parviflora* 'Glauca')
3 Fingerkraut (*Potentilla fruticosa* 'Goldteppich') – 5 Stck.
4 Blauer Kriechwacholder (*Juniperus horizontalis* 'Glauca') – 10–15 Stck.
5 Heliotrop (*Heliotropium arborescens*)

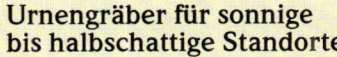

## Urnengräber für sonnige bis halbschattige Standorte

**Grab oben**
1 Krummholzkiefer (*Pinus mugo* ssp. *mugo*)
2 Goldtaler (*Asteriscus maritimus*) – 10–15 Stck.
3 Felsenmispel (*Cotoneaster dammeri*) – 15–20 Stck.

**Grab unten**
Urnengrab für halbschattige Standorte (Herbstpflanzung)
1 Kissen-Hemlocktanne (*Tsuga canadensis* 'Nana')
2 Heide (*Erica gracilis*) – 6–10 Stck.
3 Dickmännchen (*Pachysandra terminalis* 'Green Carpet')
   – 15–20 Stck.

# Schöne Pflanzen für die Rahmenpflanzung

Ifolgenden werden einige besonders wertvolle und schöne oder auch besonders bewährte und zuverlässige Pflanzen in kurzen Portraits vorgestellt. Wer darüber hinaus noch weitere Pflanzen sucht oder sich einen raschen Überblick verschaffen will, sollte die Tabellen auf den Seiten 99 bis 109 zu Rate ziehen. Die Pflanzen sind jeweils nach ihrem botanischen Namen geordnet. Ist Ihnen nur der deutsche Namen bekannt, können Sie auch das Register nutzen, um die gesuchte Pflanze zu finden.

Mit den deutschen Namen ist es ohnehin nicht so einfach. Unter »Fleißigen Lieschen« versteht man im Norden Deutschlands eine andere Pflanze als im Süden; Fuchsien werden regional auch als »Blutströpfchen« bezeichnet und bestimmte Kiefernarten kennt man hier als »Föhre« und dort unter der Bezeichnung »Latsche«.

Einheitlich nicht nur in Deutschland sondern in der ganzen Welt sind hingegen die botanischen Namen der Pflanzen, die nahezu ausnahmslos aus dem lateinischen stammen. Ihr ursprünglicher Zweck ist es, Pflanzen innerhalb eines natürlichen Systems genau einordnen und bestimmen zu können. Positiver Nebeneffekt ist, daß man damit aller Orten in Fachkreisen stets genau weiß, welche Pflanze gemeint ist. Die Angabe der botanischen Namen in den folgenden Kapiteln dient somit auch hier der Verständigung zum Beispiel beim Kauf, falls deutsche Bezeichnungen abweichend sein sollten.

Sofern die gärtnerische Züchtung für den Friedhofsbereich besonders geeignete Sorten hervorgebracht hat, sind diese meistens mit angegeben. Sortennamen erkennt man daran, daß sie im Gegensatz zum botanischen Namen aus lebenden Sprachen – also bei uns in der Regel deutsch – stammen und zudem in einfache Anführungsstriche gesetzt sind.

## Laubgehölze

### Acer
Ahorn

Aus der Fülle der Ahornarten sind zwei kleinbleibende Arten hervorzuheben, die insbesondere durch ihr wunderschönes Laub begeistern.

Der Japanische Feuer-Ahorn (*A. palmatum* 'Aconitifolium') ist eine mittelstark wachsende Sorte, die es in zwei bis drei Jahrzehnten auf allenfalls 3 m Endhöhe bringt. Im April–Mai erscheinen bereits vor dem Laubaustrieb große, purpurne Blütenbüschel. Danach besticht das frischgrüne, tief eingeschnittene, feine Laub, das im Herbst in eine brennendrote Herbstfärbung übergeht. Der Standort soll sonnig, der Boden nicht zu kalkhaltig sein.

Der Japanische Gold-Ahorn (*A. japonicum* 'Aureum') ist noch schwächer wachsend als 'Aconitifolium'. Das Laub ist im Austrieb leuchtendgelb und im Sommer sind die Blätter gelbgrün mit rötlichen Blattnerven und Stielen. Wegen der gegen pralle Sonne etwas empfindlichen Blätter sind halbschattige Standorte auszuwählen.

Nochmals eine Stufe niedriger bleibend, mit Endhöhen bis zu 2 m, und noch langsamer wachsend sind Sorten der Japanischen Schlitz- oder Fächer-Ahorne.

Ein langsam wach-
sendes, kostbares
Gehölz: Japanischer
Fächer-Ahorn
(*Acer palmatum*
'Dissectum').

*A. palmatum* 'Dissectum' hat bis zur Basis eingeschnittene, feingliedrige Blätter; die Sorte 'Dissectum Atropurpureum' hat bei gleichen Wuchseigenschaften tiefrotes Laub. Beide Sorten sind wahre Juwele unter den Laubgehölzen!

Pralle Sonne ist zu vermeiden, schwach saure, nicht zu trockene Standorte werden bevorzugt. In rauhen Lagen kann in der Jugend ein leichter Winterschutz vor Erfrierungen schützen, im Alter sind die Pflanzen dann völlig frosthart.

Die laubabwerfenden Ahornarten sind gut mit Immergrünen wie Rhododendron oder Buchsbaum sowie mit dunkelgrünen Nadelgehölzen zu kombinieren. Das farbige Ahornlaub verträgt zudem keine bunten oder »unruhigen« Bodendecker. *Pachysandra*, *Cotoneaster*, *Tiarella* und *Waldsteinia* sind geeignete Partner.

# Berberis
## Berberitzen

Von den immergrünen Arten dieser Gattung ist zuvorderst die Grüne Polster-Berberitze (*B. buxifolia* 'Nana') zu erwähnen. Die kaum höher als 30 cm werdenden Pflanzen vertragen problemlos Schnittmaßnahmen und sind damit neben Buchsbaum bestens für niedrige Einfassungen größerer Grabstellen geeignet. Sie können aber auch als Einzelgehölz, als Gruppe von 2 bis 5 Pflanzen oder zur Übergangspflanzung zwischen größeren Gehölzen und den Bodendeckern dienen. Das Laub ist von rötlich-grüner Färbung und bildet sehr dichte, rundliche Büsche. Sie ist äußerst anspruchslos, trockene Standorte in voller Sonne bis hin zu Halbschatten werden ebenso akzeptiert wie jeder Bodenzustand.

Die Immergrüne Kissen-Berberitze (*B.
candidula*) ist ein zierlich wirkender, nur
70 bis 100 cm hoch werdender Strauch,
dessen Triebe im Alter überhängen. Im
Mai–Juni erscheinen goldgelbe, einzel-
stehende Blüten, denen im Herbst weiß-
lich bereifte Früchte folgen. Der langsame, geschlossene Wuchs und der ansprechende Habitus erheben diese Art zu
einer sehr wertvollen Rahmenpflanze,
die zur öfteren Verwendung nur zu empfehlen ist.

Stärker im Wuchs und damit allenfalls
für größere Grabstätten geeignet sind die
Hybridsorten 'Klugowski' und 'Orange
King', sowie *B. verruculosa*, die Warzen-
Berberitze.

Laubabwerfend ist die Hecken-Berbe-
ritze (*B. thunbergii*). Wegen ihrer Anspruchslosigkeit, Winterhärte und
Schnittverträglichkeit müssen die niedrig
bleibenden Sorten dieser Art Erwähnung
finden: 'Atropurpurea Nana' 50 bis
60 cm hoch und mit purpurfarbener Belaubung sowie 'Kobold', ein höchstens
50 cm hoch, aber bis 80 cm breit werdender Zwergstrauch. Wo Einfassungen gefragt sind, gelten beide als sehr gute
Empfehlung.

## Buxus sempervirens
Buchsbaum

Der bekannte Buchsbaum der Mittel-
meerländer (*B. sempervirens* var. *arborescens*) wird zwar 2 bis 3 m hoch, wächst
aber langsam. Buchs benötigen zum ge-
sunden Wachstum unbedingt einen alka-
lischen und nicht zu trockenen Boden.
Wenn der Feuchtegehalt des Bodens
stimmt, verträgt er sowohl Sonne als
auch lichten Schatten.

In Gärten, aber auch auf dem Friedhof
werden gerne geschnittene Formen verwendet: Kugeln, Säulen, Kegel, Würfel
oder auch mehr oder weniger gelungene
Tierdarstellungen. Sofern der erste
Schnitt erst nach den Winterfrösten erfolgt, läßt der Buchsbaum dies alles mit
sich machen. Die geometrischen Formen
können dabei durchaus gelungen z.B. die

Form des Steins unterstreichen oder die
des Beetes zur Wechselbepflanzung wir-
kungsvoll wiederholen. Als besonders
winterharte Sorte gilt *B. sempervirens*
'Handsworthiensis'.

Der Einfassungs-Buchsbaum (*B. sempervirens* 'Suffruticosa') wird knapp
100 cm hoch ist seit altersher der Buchs
für Einfassungen in Klostergärten, Ba-
rockgärten und eben auch auf dem
Friedhof.

## Daphne mezereum
Seidelbast, Kellerhals

Ein einheimischer, sommergrüner bis
1 m hoch werdender Strauch, der schon
ab Februar vor dem Laubaustrieb durch
seine zahlreichen, rosaroten und intensiv duftenden Blüten besticht. Die nach-
folgenden Beeren sind stark giftig! Halbschattige Standorte mit kalkhaltigen Böden sind optimal. Eine ausgezeichnete
Wirkung wird bei der Pflanzung vor dunkelgrünen Koniferen erreicht.

## Deutzia gracilis
Deutzie, Maiblumenstrauch

Sommergrün, winterhart und anspruchslos an Boden und Standort sind Kennzeichen der Deutzien. Die Art *D. gracilis*
blüht reich mit reinweißen Rispen im
Mai bis Juni und wird nur 50 bis 100 cm
hoch.

## Genista lydia
Ginster

Dieser Ginster wird zwar bis 50 cm
hoch, der Wuchs ist aber niederliegend
mit dünnen, bogig überhängenden Zweigen. Letztere sind ab Mai/Juni überreich
mit goldgelben Blüten geschmückt. Zusätzlich spricht die Verträglichkeit auch
trocken-sandiger Böden in voller Sonne
und damit die Kombinierbarkeit mit Gräsern, *Sedum* und Heidearten für *G. lydia*.
Gegen ihn spricht seine mangelnde
Frosthärte in rauhen Lagen; Winterschutz, z.B. mit Fichtenreisig, ist anzu-
raten.

## Ilex aquifolium, I. crenata
Stechpalme, Berg-Ilex

Unsere heimische Stechpalme ist wegen ihres bis zu 10 m hohen Wuchses für die meisten Gräber nicht verwendbar. Schwächer und langsamer, schmal aufrecht wachsend ist die Sorte *I. aquifolium* 'Alaska'. Ihr besonderer Wert liegt in der Bevorzugung schattiger Standorte, wo ansonsten die Pflanzenauswahl relativ gering ist. Von hohem Zierwert sind die glänzend dunkelgrünen Blätter und (allerdings nur bei weiblichen Exemplaren!) die korallenroten Beeren im Herbst/Winter. Wintersonne in Verbindung mit austrocknenden Ostwinden führt zu Teil- bis Totalschäden.

Frosthärter, niedriger im Wuchs und vom Blatt her eher an Buchs erinnernd ist der Berg-Ilex (*I. crenata*). Während die

Art 2 bis maximal 3 m hoch wird, erreicht die Sorte 'Convexa' nur 1 bis 1,5 m. Der Berg-Ilex kann ähnlich wie Buchs in Einzelstellung, als Trupp oder als Übergangspflanzung Verwendung finden. Bei zu groß werdenden Pflanzen sind Schnittmaßnahmen möglich.

## Kalmia angustifolia, K. latifolia
Lorbeerrose, Kalmie

Beide Arten sind vollkommen winterharte, immergrüne Sträucher mit begeisternd schönen Blüten! Der Boden muß allerdings schwach sauer sein (Torfmull!) und Trockenheit wird nicht vertragen. *K. angustifolia* wird 1 bis 1,5 m hoch und die breitglockigen, dunkelroten Blüten erscheinen von Juni bis Juli. *K. latifolia* erreicht 1,5 bis 2 m und blüht schon ab Mai.

Insbesondere die letzgenannte Art eignet sich hervorragend zur Solitärstellung neben dem Stein; ansonsten ist die Kombination mit Pflanzen ähnlicher Bodenansprüche, z.B. Rhododendron, sinnvoll.

## Mahonia aquifolium
Mahonie, Fiederberberitze

Dieser immergrüne Strauch mit dornig gezähnten Blättern eignet sich für halbschattige bis vollschattige Standorte. Der Boden sollte humos und nicht zu trocken sein. Mahonien werden etwa 100 cm hoch und wirken außer über die Blätter auch durch gelbe, auffallende Blütentrauben im April–Mai und bereifte, blauschwarze Früchte. Die Sorte 'Apollo' erreicht nur etwa 60 cm Höhe und ist besonders reichblühend.

In milderen Gegenden oder geschützten Lagen kann man mit etwas Mut zur außergewöhnlicheren Gestaltung auch die Schmuck-Mahonie (*M. bealii*) als Solitärpflanze einplanen. An wenig verzweigten, recht dicken Trieben sitzen 30 bis 40 cm lange, dekorative Blätter. Im Mai erscheinen die bis zu 15 cm langen Blütentrauben und ab Juli schmücken die blauschwarzen Früchte. Ein imposantes Gehölz für halbschattige Standorte neben aufrechten Stelen oder auf Sockeln sitzenden Kreuzen.

## Pieris floribunda, P. japonica
Lavendelheide

Die immergrüne Lavendelheide ist ein langsam wachsender, optisch sehr wirkungsvoller und am richtigen Standort über etliche Jahrzehnte Freude bereitender Zierstrauch.

*P. floribunda* gedeiht in halbschattiger Lage auf lockeren, humosen und schwach sauren Böden. Schwere Lehmböden sagen ihr nicht zu.

*P. japonica* verlangt kalkfreie Böden und reagiert empfindlich auf Mineraldüngung. Je nach Witterungsverlauf erscheinen bereits ab Februar/März die bis 20 cm langen, überhängenden und leicht duftenden Blütenstände. Die Blütezeit erstreckt sich dann über Wochen. Da diese Blütenknospen schon im Herbst vorgebildet sind, ist in windexponierten Lagen ein Winterschutz sinnvoll. Ansonsten kann man *P. japonica* als ein besonders wertvolles und von Jahr zu Jahr prachtvoller werdendes Gehölz bezeichnen. Der Handel bietet mehrere Sorten an, darunter eine mit leuchtendrotem Austrieb im Frühjahr ('Forest Flame') und eine mit weiß gerandeten Blättern ('Variegata').

## Potentilla fruticosa
Fünf-Fingerkraut, Fingerstrauch

Ein sommergrüner Dauerblüher, der von Mai bis in den Oktober durchgehend mit meist leuchtendgelben Blüten ziert. Völlige Winterhärte, das Vertragen trockener Standorte auch auf leichten Böden in voller Sonne sind weitere positive Merkmale. Bei nachlassender Blühfreudigkeit verhilft ein Rückschnitt zu neuem, jugendlich frischem Wachstum.

Im Fachhandel befinden sich zahlreiche Sorten. Erwähnenswert ist 'Goldfinger' wegen des dunkelgrünen, feingliedrigen Laubes und der überreichen, sattgelben Blüten. Mit etwa 80 cm Höhe zählt sie zu den starkwachsenden Sorten. 'Abbotswood' gilt als die beste weißblühende Sorte.

Einzelstellung auf kleineren Grabstätten, Gruppenpflanzung auf zwei- und mehrstelligen Wahlgräbern sowie Randeinfassung mit kleinbleibenden Sorten sind typische Verwendungsmöglichkeiten der Fingersträucher.

## Prunus laurocerasus
Kirschlorbeer, Lorbeerkirsche

Der immergrüne Kirschlorbeer paßt mit seinen glänzend hellgrünen Blättern und den weißen Blütenkerzen im Mai gut in die Gestaltung nicht zu kleiner Grabstätten. Die schwarzen Beeren sind allerdings schwach giftig! Sofern der Boden nicht zu trocken ist, werden sonnige Standorte gut vertragen, ideal ist der Halbschatten, aber akzeptiert wird ebenso noch Schatten etwa unter großen Bäumen. Schnittmaßnahmen, die den typischen Habitus berücksichtigen sollen, werden bestens vertragen.

Während die Art zu schnell wächst, sind die kleiner bleibenden Sorten 'Otto Luyken' (besonders winterhart und 100 bis 150 cm hoch) sowie 'Zabeliana' (150 bis 200 cm hoch, mit schmalen, weidenähnlichen Blättern) empfehlenswert.

## Rhododendron
Rhododendron, Alpenrose

Rhododendron darf man mit Recht als eine der klassischen Pflanzen für die Grabgestaltung bezeichnen. Sie haben

Vielseitig verwendbar ist die Lavendelheide, hier in einer weißbunten Sorte *Pieris japonica* 'Variegata').

einen sehr hohen Bekanntheitsgrad und besitzen einen hervorragenden Schmuckwert durch Blatt, Blüten und gesamten Habitus. Ihre Winterhärte ist je nach Art und Sorte zufriedenstellend bis sehr gut. Sie lassen sich bestens mit anderen Pflanzen gleicher oder ähnlicher Standorte wie *Pieris*, Kalmien, Skimmien, Eriken, Callunen, verschiedenen Gräsern, *Gaultheria*, *Asarum* und anderen kombinieren.

Rhododendron bevorzugen halbschattige, nicht zu trockene Standorte; gut vertragen wird der Schatten von tiefwurzelnden Bäumen (Eichen, Kiefern, Lärchen), während Flachwurzler oft zu viel Feuchtigkeit entziehen (Fichten). Sie sollten gleichzeitig vor voller Wintersonne und austrocknenden Winden geschützt stehen. Lockere, humushaltige Böden mit schwach saurem pH-Wert garantieren gesundes Wachsen und Blühen. Falls nötig, ist der Boden mit Rindenhumus oder Torfmull zu verbessern. Abgeblühte Blütenstände werden zur Kräftigung der Pflanzen ausgebrochen.

Aus der übergroßen Vielfalt von Arten und Sorten sind für den Friedhof drei Gruppen zu nennen:
1. die großblumigen, immergrünen Rhododendron;
2. die kleinbleibenden, immer- oder wintergrünen Rhododendron;
3. die immer- oder sommergrünen Azaleen, die botanisch auch zu der Gattung Rhododendron gehören.

**Großblumige Rhododendron:** *R.*-Catawbiense-Hybriden gehören u.a. zu dieser Gruppe mehr oder weniger starkwüchsiger Pflanzen. Zwischen 1,5 und etwa 4 m Höhe variiert die Wuchshöhe der unzähligen Sorten in etlichen Farbvarianten. Auf zweistellige Wahlgräber und größere Grabstätten passen ein bis vier Pflanzen.

Ein vorsichtiger, den Habitus erhaltender Schnitt kann allzu starkes Wachstum bedingt regulieren. Auf jeden Fall soll man für die Wahl der richtigen Sorte die Fachberatung in Qualitätsbaumschulen oder Friedhofsgärtnereien in Anspruch nehmen.

**Rhododendron und Azaleen gehören sowohl wegen der Blüte als auch wegen ihres ansprechenden Habitus nicht nur auf dem Friedhof zu den vielgepflanzten Laubgehölzen.**

**Kleinbleibende Rhododendron:**
Hier sind zunächst die *R.*-Repens-Hybriden zu nennen. Die ebenso empfehlenswerte wie bekannte Sorte 'Baden-Baden' mit scharlachroten Blüten wird wie andere Sorten dieser Art etwa 50 cm hoch und ist damit für jede Grabgröße zu verwenden. Ähnlich schwachwüchsig sind die *R.*-Impeditum-Hybriden mit deutlich kleineren Blättchen als die vorherigen und oft blauen ('Blue Tit') oder tiefvioletten Blüten ('Moerheim').

Mehr oder weniger wintergrün ist *R. praecox*, die Vorfrühlings-Alpenrose. Der deutsche Name weist auf die sehr frühe Blüte bereits ab Februar–März hin und damit auf das Besondere dieser Art.

**Azaleen:** *R. mollis* mit 1 bis 1,5 m und *R. pontica* mit 1 bis 2 m Höhe gehören zu den sommergrünen Azaleen, deren kräftige, interessante Blütenfarben ab Mai im Sortiment der Rahmenpflanzen eine seltenere, aber lohnende Ergänzung darstellen. Ebenfalls unter den Sammelbegriff Azaleen fallen die »Diamant-Azaleen«, immergrüne, völlig winterharte Sorten der japanischen Azaleen. Sie blühen von Ende Mai bis Juni und sind insbesondere für kleinere Gräber oder als Vorpflanzung zu größeren Arten sehr zu empfehlen.

## Skimmia japonica
Skimmie

Skimmien sind kleine, bis 1 m hoch werdende Sträucher mit glänzendgrünen, lederartigen Blättern. Sie lieben halbschattige bis schattige Plätze. Sehr rauhe, windexponierte Winterlagen sind zu vermeiden. Im Mai erscheinen gelblichweiße Blüten, denen im Herbst korallenrote Früchte folgen, die bis in das Frühjahr hinein am Strauch verbleiben.

Die Gruppenpflanzung von Skimmien ist schon deshalb zu bevorzugen, weil diese Pflanzen eingeschlechtliche Blüten besitzen: um Früchte auszubilden, müssen also männliche und weibliche Exemplare vorhanden sein. Als Vorpflanzung vor Rhododendron oder als kleine Gruppe sind Skimmien ein optisch wertvolles Gestaltungselement.

Variation der Bodendecker und der Wechselbepflanzung erregt bei dieser Reihe von Mustergräbern die Aufmerksamkeit des Betrachters.

# Nadelgehölze

## Abies
Tannen

Als kleinwüchsige Art ist die niedrige Balsamtanne (*A. balsamea* 'Nana') im Handel. Sie wächst sehr langsam und wird nicht höher als 70 bis maximal 100 cm, allerdings auf Dauer bis zu 200 cm breit. Die sehr dicht stehenden Äste formen sich zu einem flachkugeligen Wuchs und ergeben zusammen mit der dunkelgrünen Benadelung einen interessanten Kontrast zu hellen Grabsteinen oder etwa weißgrün belaubten Lavendelheiden. Auf kleinen, einstelligen Wahlgrabstätten oder Urnengräbern eignet sie sich gut als Solitärpflanze zwischen den Bodendeckern. Balsamtannen sind absolut winterhart; lediglich sehr trockene Standorte und zu schwere Tonböden werden nicht vertragen.

Aus der Fülle der übrigen Tannenarten ist für den Friedhof nur noch die Korea-Tanne (*A. koreana*) zu nennen. Der Wuchs ist typisch »tannenartig«, also pyramidal aufrecht. Ihr besonderer Reiz liegt darin, daß sie bereits als junge Pflanze in »grabverträglicher« Größe ansehnliche, 6 bis 8 cm lange, violettpurpurfarbene Zapfen trägt. Korea-Tannen wachsen sehr langsam, können jedoch im Alter bis zu 7 m hoch werden. Wird die Grabstelle etwa 10 Jahre nach der Erstbepflanzung neu gestaltet, so hat man bis dahin auf jeden Fall an einer exklusiven Pflanze mit hoher optischer Wirkung Freude gehabt.

## Chamaecyparis
Scheinzypressen

Diese formenreiche Gattung stellt uns sowohl aparte Säulen als auch kleinbleibende kugel- und kegelförmige Arten zur Verfügung. Die Belaubung ist nicht nadel-, sondern bei allen Arten schuppenförmig. Die jährlich nur um wenige Zentimeter wachsende blaue Kissenzypresse (*C. lawsoniana* 'Minima Glauca') wird bis 100 cm hoch. Ihre sehr dicht stehenden Zweige mit der dunkelblaugrünen Belaubung formen einen stumpfen Kegel von äußerst gleichmäßigem Wuchsbild. Um ihr Erscheinungsbild voll zu entfalten, darf sie keinesfalls in einer Pflanzung stärkerwüchsiger Rahmenpflanzen untergehen. Einzelstellung links oder rechts neben dem Grabstein bzw. Verwendungen ähnlich wie die der Balsamtanne werden ihr gerecht.

Ganz anders dagegen die blaue Kegelzypresse (*C. lawsoniana* 'Ellwoodii'). Sie bildet gut 2 m hoch werdende Säulen mit sehr dicht sitzenden Zweigen und blaugrünen Nadeln. Zu größeren Grabkreuzen und Stelen wirkt sie als harmonische Unterstützung. Je nach Grabgröße sind 1 bis 4 Pflanzen angebracht; als Vorpflanzung sind Rhododendron geeignet. Unter den säulenförmigen Nadelgehölzen ist sie die beste Empfehlung.

Die Muschelzypresse (*C. obtusa* 'Nana Gracilis') ist in ihrem Erscheinungsbild ebenfalls einzigartig. Der deutsche Name rührt von den muschel- bis tütenförmig gedrehten Zweigen. Die Nadeln sind glänzend dunkelgrün und der Wuchs ist unregelmäßig, breit-kegelig. Es dauert Jahrzehnte, bis die Endhöhe von 1,5 bis 2 m erreicht ist. Zu verwenden ist die Muschelzypresse in Einzelstellung auf kleineren Gräbern oder auf mehrstelligen Wahlgräbern auch als Vorpflanzung in einer Gruppe von 2 bis 3 Stück.

Gänzlich anders wiederum wirkt die etwa 80 cm hoch werdende Fadenzypresse (*C. pisifera* 'Filifera Nana'). Diese dichtbuschige Zwergform zeichnet sich durch nach allen Seiten überhängende, fadenförmige Triebe aus. Von ihr gibt es auch eine etwas stärker wachsende, gelbnadelige Variante mit dem Sortennamen 'Filifera Nana Aurea'.

Alle genannten Scheinzypressen sind ausreichend winterhart. Die Böden sollten nicht zu trocken und leicht sauer sein. Laubgehölze ähnlicher Ansprüche wie Rhododendron, Lavendelheide und Kalmie empfehlen sich damit zur Kombination.

52

# Juniperus
Wacholder

Dem bei uns heimischen, die Lüneburger Heide mitprägenden Wacholder ähnlich ist der Irische Säulenwacholder (*J. communis* 'Hibernica'). Die gut 3 m hoch werdenden Säulen mit den stechenden Nadeln passen insbesondere zu Grabbepflanzungen mit Heidecharakter, also zu Eriken, Callunen, Lavendelheide und Gräsern. Verwendung sollten sie auch dort finden, wo sie dem natürlichen Landschaftsbild entsprechen oder die Böden für die Kegelzypresse zu sandig-trokken sind. Da die Säule aber mit zunehmendem Alter leicht auseinanderbricht und von innen her verbräunt, ist ansonsten die Scheinzypresse vorzuziehen.

Kleinbleibend sind wiederum einige Sorten des China-Wacholders (*J. chinensis*). So die maximal 1,5 m hoch werdende Sorte 'Blaauw' mit graublauer Benadelung und reichlichem Fruchtansatz schon bei jungen Pflanzen. Typisch ist das »Gesicht« dieser Sorte: nahezu alle Hauptäste wachsen gleichmäßig angeordnet in eine Richtung, was bei der Pflanzung selbstverständlich zu berücksichtigen ist. Mit ganzjährig intensiv gelber Benadelung und einem dichten, flach ausgebreiteten Wuchs überzeugt die Sorte 'Old Gold' bei etwa gleicher Endhöhe wie 'Blaauw'.

Noch niedriger bleiben zwei Sorten der Art *J. squamata*, nämlich 'Blue Carpet' und 'Blue Star'. 'Blue Carpet' ist mehr bodendeckend als aufrecht wachsend: sie wird nur 30 cm hoch, aber bis 1,5 m breit. Ihre dünnen Triebe bilden dichte, unregelmäßige Polster, die z.B. gut den Übergang vom Grabstein zu den Bodendeckern bilden können. 'Blue Star' hingegen wächst langsam zu einer dichten, bis 1 m hohen Halbkugel mit stahlblauer Benadelung heran.

Alle Wacholderarten sind vollkommen winterhart und bevorzugen sonnige Lagen. Die Ansprüche an den Boden sind deutlich geringer als bei den meisten übrigen Koniferen. Ihre Eignung für die Grabbepflanzung ist nicht zuletzt wegen dieser positiven Eigenschaften als ausgesprochen hoch einzustufen.

# Picea
Fichten

Das Massengehölz unserer »Tannenwälder« ist eine Fichte: die Gemeine Fichte oder auch Rot-Fichte (*P. abies*). Von ihr gibt es eine ganze Reihe kleinwüchsiger Sorten, die für den Friedhof geeignet sind. Einige davon sind wegen ihres besonderen Wuchscharakters nur für den Einzelstand – mithin als Solitärgehölz – auf größeren Grabstätten geeignet.

**Schönes Exemplar des Irischen Säulenwacholders (*Juniperus communis* 'Hibernica').**

erreichend, bildet sie einen flachen, in der Mitte nestförmig vertieften Strauch.

Zu einer anderen Art gehört die Zwergform der Serbischen Fichte (*P. omorica* 'Nana'). Sie zeigt als einzige der genannten die bekannte aufrecht-pyramidale Wuchsform, wird aber nur etwa 2 m hoch. Bei dem breit-kegelförmigen Wuchs gefallen besonders die dichte Anordnung der Triebe und die gut sichtbare bläuliche Färbung der Nadelunterseite. Sie läßt sich im Gegensatz zu den bisherigen Beispielen auch mit niedrigen Koniferen als Vorpflanzung kombinieren, soll aber selber auch nur als Einzelexemplar Verwendung finden.

Weitere Sorten können sowohl im Einzelstand als auch in Gruppen oder zur Vorpflanzung eingesetzt werden. Dies gilt für *P. abies* 'Echiniformis', die Igel-Fichte. Sie wird nur bis 60 cm hoch mit einem Zuwachs von 15 bis 20 mm pro Jahr! Ein echter Zwerg mit dichtem, kissen- oder kugelförmigem Wuchs. Als noch kleinwüchsiger gilt die Sorte 'Little Gem'. Überall wo nur wenig Platz zur Verfügung steht – also bei Urnen-, Kinder- und Wahlgrabstätten – liegen ihre vorzüglichsten Einsatzbereiche. Andere Rahmenpflanzen sollten dann nicht höher als 1 m werden, um den optischen Reiz der Zwerggehölze nicht zunichte zu machen.

## Pinus
Kiefern

Kiefern stellen an Boden und Klima von allen Koniferen die wohl geringsten Ansprüche. Sie gedeihen auf trockenen, sandigen Böden, sind absolut winterhart und lieben vollsonnige Standorte. Ihr meist lockerer Aufbau gibt ihnen einen interessanten Habitus und macht Kiefern zu beliebten Gestaltungselementen für Hausgarten- und Grabgestaltung.

Die Bergkiefer, auch Latsche oder Krummholzkiefer (*P. mugo*) wächst zu buschig verzweigten, oft niederliegenden, aber im Alter bis 4 m hoch werdenden Sträuchern heran. Als Lichtpflanze

**Bizarre Hängeformen bieten die Nadelgehölze zum Beispiel mit der Schleppen-Fichte (*Picea abies* 'Inversa'), der Hängeform der Hemlockstanne (*Tsuga canadensis*, 'Pendula') sowie der hängenden Blau-Zeder (*Cedrus atlantica* 'Glauca Pendula').**

Vorrangig gilt dies für die Hänge- oder Schleppen-Fichte (*P. abies* 'Inversa'). Der Habitus ist schmal säulenförmig und alle Äste und Nebentriebe hängen senkrecht herab und liegen dicht am Haupttrieb an. Dieser sollte in der Jugend gestäbt werden, um das Wachstum nach oben zu fördern. Am Boden breiten sich die Hängetriebe ganz flach aus. Schon diese Eigenschaft verbietet das Vorpflanzen anderer Gehölze. Der bizarre Wuchs kommt nur bei direktem Anschluß der Bodendecker voll zur Geltung. Im hohen Alter können sie bis 12 m erreichen. Der jährliche Zuwachs ist aber sehr gering und die Größe bleibt so auch auf kleineren Gräbern für mindestens ein Jahrzehnt im Rahmen.

Die Sorte 'Pumila Glauca' wächst breitbuschig, wird bis 1 m hoch und im Alter bis 1,5 m breit. Die Nadeln sind unterseits blaugrün. Zumindest die Altersform verlangt Einzelstellung; der besonders langsame Wuchs ermöglicht die Pflanzung auch auf kleineren Grabstellen. Ebenfalls ohne Mitteltrieb wächst die Nestfichte (*P. abies* 'Nidiformis'). In der Endhöhe wie die vorherige Sorte 1 m

will sie volle Sonne genießen, eignet sich aber nur für größere Gräber. Kleiner bleibt ihre Unterart *P. mugo* ssp. *mugo*, die bei ähnlicher Wuchsform etwa 1,5 m hoch wird. Beide sind in Einzelstellung neben dem Stein oder die letztgenannte auch als Gruppe von 2 bis 3 Pflanzen zu verwenden. Die Züchtung 'Mops' wächst sehr langsam zu einem bis 1 m hohen, kugeligen Busch heran und gilt als eine der schönsten Zwergformen überhaupt.

Unbedingt zu empfehlen ist auch die blaue Kriech- oder Pummel-Kiefer (*P. pumila* 'Glauca'). Langsamer, niederliegender Wuchs, eine Endhöhe von 1 bis 1,5 m, sowie lange, graublau gefärbte und dicht stehende Nadeln sind ihre Charakteristika. Im Frühjahr begeistern die tiefroten, männlichen Blütenstände und später die aus den weiblichen Blüten entstehenden Zapfen, die im Jugendstadium kräftig violett gefärbt sind. Eine gestalterische Kostbarkeit für die Einzelstellung!

Für einen weiteren Höhepunkt sorgt die Kieferngruppe mit der blauen Mädchenkiefer (*P. parviflora* 'Glauca'). Sie wächst aufrecht mit einem richtigen Mitteltrieb. Je nach Standort kann sie zwar 5 m erreichen, ihr jährlicher Zuwachs ist jedoch nur mäßig und läßt sich zudem einkürzen. Bestechend an dieser Pflanze ist in erster Linie ihr lockerer, bizarrunregelmäßiger Aufbau, der zumindest bei der Gruppe der Koniferen einmalig ist. Die Nadeln sind kräftig blaugrün und ihre pinselartige Häufung an den Zweigenden verstärkt den bizarren Gesamteindruck. Zudem schmückt ein reichlicher Zapfenbesatz auch bereits jüngere Pflanzen. Selbstverständlich sollte der Mädchenkiefer eine Solitärstellung zukommen, die durch geschickte Wahl der Bodendecker oder Vorpflanzung noch unterstrichen werden kann. Dies schaffen unter anderem das Fingerkraut mit den kräftigen gelben Blüten als Kontrast zu den blauen Nadeln ebenso wie Diamant-Azaleen oder rotlaubiger Günsel als Bodendecker. In Abweichung zu den übrigen Kiefernarten bevorzugt die blaue Mädchenkiefer nicht zu trockene Standorte.

Sowohl von den genannten als auch von anderen Arten sind zahlreiche weitere kleinbleibende Sorten im Fachhandel erhältlich. Will man einen kurzen, gedrungenen Wuchs fördern, können bei allen Arten im Frühjahr die frischen, weichen Austriebe von Hand oder mit der Schere eingekürzt werden.

## Taxus
### Eibe

Die bei uns heimische Gemeine Eibe (*T. baccata*) wächst vornehmlich im lichten Schatten von Buchenwäldern und steht unter Naturschutz. Im Friedhofsbereich finden wir sie öfters zur Abgrenzung einzelner Grabfelder, wo ihr sattes und beruhigendes Dunkelgrün bereits von weitem ins Auge fällt. Für die Grabgestaltung ist die Art zu starkwüchsig, Verwendung finden schwächer wachsende Züchtungen.

Säulenförmig wachsen 'Fastigiata' und 'Fastigiata Robusta'. Beide bilden schlanke, straff aufrecht wachsende Säulen. 'Fastigiata' wird 2 bis 3 m hoch und zeichnet sich durch eine besonders dunkelgrüne Benadelung aus, ist jedoch in rauhen Lagen nicht zu empfehlen. 'Fastigiata Robusta' ist etwas stärker im Wuchs, erreicht 3 bis 5 m, besitzt hellere Nadeln und ist absolut frosthart. Die Endhöhe sollte nicht abschrecken: bei beiden ist der Zuwachs gering und das angegebene Maß wird erst in 20 bis 30 Jahren erreicht. Als schmalwüchsige, frostharte Säule ist weiterhin *T. media* 'Hicksii' im Handel. Die Verwendung aller Säulenformen ist ähnlich der der blauen Kegelzypresse.

Ein interessantes Erscheinungsbild bietet die Adlerschwingen-Eibe (*T. baccata* 'Dovastoniana') mit ihren waagerecht abstehenden und an den Spitzen herabhängenden Ästen. Eine Variante diese Sorte mit gelben Triebspitzen ('Dovastoniana Aurea') ist etwas schwachwüchsiger. Trotzdem sind beide nur für

Eiben überraschen durch ihre Vielfalt an Wuchsformen: neben einer aufrechten, gelbnadeligen Form hier die flach wachsende Kissen-Eibe (*Taxus baccata* 'Repandens').

größere Grabstätten als Solitärgehölz geeignet, wo sie aber durchaus bemerkenswerte Akzente setzen können.

Die Kissen-Eibe (*T. baccata* 'Repandens') wird nur 50 bis 70 cm hoch und geht durch die fast waagerecht abstehenden Zweige mehr in die Breite. Diese harte und anspruchslose Sorte kann sowohl in Einzelstellung, in kleinen Gruppen als auch zur Bodendeckung Verwendung finden. Sie bevorzugt halbschattige Standorte, wächst aber auch willig im Schatten höherer Bäume und bei hinreichend feuchten Böden wird sogar Sonne akzeptiert.

Die übrigen genannten Sorten wünschen nicht zu magere, kultivierte Böden, eine organische Düngung fördert ihr gesundes Wachstum. Alle Eiben sind gut schnittverträglich und treiben immer wieder willig durch. Sowohl die Blätter als auch die Samen in den roten, zierenden Beerenfrüchten sind giftig.

Eiben sind wegen ihres ruhigen, dunklen Grüns problemlos mit zahlreichen anderen Gehölzen und Bodendeckern zu kombinieren. Als besonders geeignet gelten Rhododendron, Azaleen und Lavendelheide; zur niedrigen Kissen-Eibe empfehlen sich Ahorn-Arten mit schöner Herbstfärbung.

## Thuja occidentalis
Abendländischer Lebensbaum

Beim Lebensbaum ist die Verbindung mit der Vorstellung »Friedhofspflanze« so tief verwurzelt, daß dieses Urteil seine Verwendung im privaten Gartenbereich zu unrecht negativ beeinflußt. Seine Säulenformen, z.B. in den Sorten 'Columna' und 'Smaragd', sind in der Tat traditionelle Begleiter insbesondere älterer Friedhofsanlagen.

An den Boden stellen *Thuja* kaum Ansprüche, sie sind absolut winterhart und ihr Wuchsdrang – die Endhöhen beider Sorten liegen bei 4 bis 7 m – läßt sich durch Schnitt regulieren. Andererseits sind einige Säulensorten im Winter »unansehnlich« braun; zur Verbräunung im unteren Bereich neigen ebenso ältere Pflanzen. Das Laub ist von relativ hellem Grün und die Kombinierbarkeit mit anderen Rahmenpflanzen weniger einfach als etwa bei Scheinzypressen und Eiben, weswegen hier insgesamt die beiden letztgenannten bevorzugt werden.

Erwähnung sollten unter anderem zur Vorpflanzung geeignete, kleinbleibende Sorten finden.

'Danica' wächst extrem langsam mit 50 cm Endhöhe und 'Recurva Nana' bildet regelmäßige, bis maximal 2 m hohe Kegel. Auch bei diesen beiden verfärben sich die im Sommer frischgrünen Nadeln im Winter mehr oder weniger braun. Dies gilt nicht für die Sorte 'Rheingold', deren goldgelbe Triebe zu dichten, bis 1,5 m hohen Halbkugeln heranwachsen. Sie eignet sich zur Solitärstellung an sonnigen Standorten.

# Stauden für besondere Wirkungen

Viele der höher wachsenden Stauden eignen sich hervorragend für die Grabgestaltung. In Einzelstellung oder als kleine Gruppe gepflanzt, können sie sich als individuelle, gestalterische Elemente hervorragend in das Gesamtbild einfügen. Beeindruckend ist dabei insbesondere der Reichtum an Blatt-, Blüten- und Wuchsformen unter den Stauden. Neben den aus den Gärten und Parkanlagen bekannteren Blüten- und Blattstauden zählen auch Gräser, Farne sowie Zwiebel- und Knollenpflanzen zu den Stauden. Die Verwendung von Stauden auf dem Friedhof wird zwar seit langem und immer wieder angeregt, aber viel zu selten realisiert. Vielleicht hilft die folgende Auswahl zur stärkeren Verbreitung beizutragen.

## Blüten- und Blattstauden

Immer- oder wintergrüne Arten bilden dekorative Übergänge vom Bodendecker zum Grabmal beziehungsweise zur Rahmenpflanzung.

Zu ihnen gehören die Bergenie (*Bergenia cordifolia*) und der Storchschnabel (*Geranium*-Arten). Bergenien werden 30 bis 40 cm hoch und zieren sowohl durch die großen, glänzendgrünen Blätter als auch durch die frühe Blüte im April–Mai.

Beim Storchschnabel ist die Art *Geranium macrorrhizum* unter anderem aufgrund ihrer schönen Herbstfärbung zu empfehlen. Die etwa 25 cm hoch werdenden Pflanzen sind wüchsige Flächendecker und blühen im Juni–Juli.

Blütenakzente zu bestimmten Jahreszeiten setzen zum Beispiel Christrosen (*Helleborus niger*) und Pfingstrosen (*Paeonia lactiflora* und *P. officinalis*). Christrosen vor Gehölze, vor das Grabmal oder auch vorübergehend in das abgeräumte Beet der Wechselbepflanzung gesetzt (bei letzterer Verwendung eventuell im Topf belassen), schenken je nach Sorte von November bis in den April wunderschöne Blütenerlebnisse. Auf dem Grab bietet sich natürlich die Pflanzung von Sorten an, die um die Weihnachtszeit blühen. Das Laub ist wintergrün, der Neuaustrieb erfolgt erst nach der Blüte. An halbschattigen Standorten auf humosen Böden bilden Christrosen dauerhafte, reichblühende Horste. Unterstreichen kann man die Wirkung durch immergrüne Gräser wie die Schattensegge (*Carex umbrosa*).

Pfingstrosen sind sicherlich nur hier und da auf größeren Wahlgräbern zu verwenden. Sie benötigen sonnige, nährstoffreiche Standorte, an denen sie dann möglichst ungestört über Jahre hinaus stehen wollen. Als Solitärstaude wäre ein Platz gleich neben dem Grabmal angemessen, einige zu sehr störende Blätter lassen sich nach der Blüte wegschneiden.

Ebenso als Solitärstaude eignet sich eine Art des Kreuzkrautes (*Ligularia przewalskii*). Mit ihren gelben, kerzenförmigen Blüten wird sie etwa 120 cm hoch. Sofern dies zur Grabgröße paßt, bildet sie relativ spät im Jahr von August bis September einen beachtlichen Blickfang.

Kleiner bleibend, aber immer noch in Einzelstellung zu empfehlen sind das Tränende Herz (*Dicentra spectabilis*) mit der Blüte im April–Mai und danach einziehendem Laub; der Salbei (*Salvia nemorosa*) für warme, vollsonnige Standorte mit seinen blauvioletten Blüten im Juni–Juli und der Sonnenhut (*Rudbeckia fulgida* 'Goldsturm') mit goldgelben Korbblüten im August–September. Letztere ist zur Erhaltung der vollen Blühwilligkeit alle 3 bis 4 Jahre aus dem Boden zu nehmen, mit dem Spaten zu teilen und danach erneut auszupflanzen.

Pflanzung in kleinen Trupps von 2 bis 5 Pflanzen ist angebracht beim Doppelsporn (*Dicentra eximia*), die bei nur 20 cm Höhe ihre zierlichen, purpurrosa Blütchen im April–Mai hervorbringt

Gleiches gilt für die halbschattige bis schattige Standorte bevorzugenden Arten der Prachtspiere (Astilben). Nur bis 40 cm hoch wird die Chinesische Prachtspiere (*Astilbe chinensis* var. *pumila*), deren violettrosa Blüten im August–September erscheinen und die zudem wie der Storchschnabel auch zur flächigen Pflanzung geeignet ist.

Diese Eignung teilt sie mit einer Art der Elfenblume (*Epimedium versicolor* 'Sulphureum'), deren zudem fast wintergrünes Laub im Neuaustrieb durch rötliche Färbung gefällt und im Halbschatten ein dichtes Blätterdach bildet.

Hier und da mag auch ein Horst Schwertlilien (*Iris*-Barbata-Elatior-Hybriden) seinen berechtigten Platz neben dem Grabmal finden. Die Verwendung erscheint aber wegen des unattraktiven Laubs nach der Blüte schwieriger.

Das genaue Gegenteil sind über das Laub wirkende Stauden wie zum Beispiel Funkien (*Hosta*-Arten). Um kräftige Horste auszubilden, sollten sie Jahre am gleichen Standort verbleiben. Empfehlenswert ist die Verwendung der Arten und Sorten mit grünem oder blaugrauem Laub (*Hosta sieboldiana*). Gelbgrüne (*Hosta fortunei*) oder weißgrüne (*Hosta undulata*) sind allenfalls vor dunkelgrünen Nadelgehölzen verträglich. Daß ältere

Pflanzen auch sehr ansehliche Blütenstände entwickeln, steigert den Gesamtreiz dieser Pflanzen.

## Gräser

Bei ihnen geht die Wirkung vom meist mehr oder weniger lockeren, lichten Habitus und zierlichen Blättern oder Blütenständen aus.

Winter- und immergrüne Arten sind zu bevorzugen. In diesem Sinne ist der Blaustrahlhafer (*Helictotrichon sempervirens*) zu nennen, dessen dichte, breitbuschige Horste 30 cm hoch werden. Aus ihnen erscheinen dann im Juni–Juli zarte Blütenrispen von 100 cm Höhe.

Vollsonnige Standorte sind ideal, wegen der Vorliebe für kalkhaltige Böden ist eine Kombination mit Moorbeetpflanzen nicht sinnvoll.

**Linke Seite: Ein Grab mit nicht ganz alltäglichem Eisenkreuz, selten verwendetem Bodendecker (*Raoulia hookeri*), ungewöhnlicher Linienführung und blühendem Lavendel (*Lavandula angustifolia*) als Mittelpunkt.**

**Als Hintergrund-Pflanzung an halbschattigen bis schattigen Stellen, stellen Funkien (*Hosta*-Arten) durch Blatt und Blüten eine wahre Augenweide dar.**

(*Festuca ovina*). Insbesondere der Blauschwingel fühlt sich auf mageren, sandigen Böden in voller Sonne wohl. Bei dauerhafter Pflanzung wirken die kleinen Horste erst in Trupps ab 3 Pflanzen. In herbstlichen Schalen oder Strukturbeeten ist dagegen Einzelpflanzung angebracht.

Zu Eriken und Callunen paßt neben *Festuca* auch das allerdings nicht immergrüne Pfeifengras (*Molinia caerulea*). Über das 40 cm hohe, steif-aufrechte Laub erheben sich im August–September bis zu 80 cm die lockeren Blütenstände.

## Farne

Noch mehr als die Gräser sind Farne nicht nur im Bereich der Friedhöfe sondern auch in den Gärten vollkommen unverdient nur selten im Einsatz. Dabei wirken sie an meist halbschattigen bis schattigen Standorten äußerst apart und beweisen sich als sehr langlebig.

Der Rippenfarn (*Blechnum spicant*) eignet sich mit seinen etwa 40 cm zur Pflanzung in kleinen Trupps vor dem Grabmal oder zu Moorbeetpflanzen. Der Boden darf nicht zu trocken sein und pralle Wintersonne wird nicht vertragen.

Ebenfalls immergrün, aber im Einzelstand zu verwenden, sind der Hirschzungenfarn (*Phyllitis scolopendrium*) mit einem für Farne eher untypischen, weil ungefiederten und am Rande gewellten Blatt sowie dessen Gegenteil, der Filigranfarn (*Polystichum setiferum* 'Plumosum Densum') mit 50 cm hoch werdenden Wedeln, deren Blätter in besonders feine, filigrane Fiedern zerteilt sind.

**Gräser – hier der Blaustrahlhafer (*Helictotrichon sempervirens*) – wirken auflockernd und passen gut zu Koniferen als Bodendecker und als Rahmenpflanzen.**

Von kräftigerem Charakter im Habitus ist die Japan-Segge (*Carex morrowii*). Bei der Sorte 'Variegata' besitzen die Blätter einen weißlichen Rand. Die dichten Horste werden nicht höher als 30 cm und sind, sofern sie zu groß werden, problemlos zu teilen. Sie wirken vor oder zwischen Gehölzen, als kleiner Trupp in Grabecken oder vor dem Stein. Kalkarme, humose Böden sind bestens geeignet.

Mit 20 bis 30 cm noch eine Etage niedriger angesiedelt sind Blauschwingel (*Festuca glauca*) und Schafschwingel

# Pflanzen für die Bodendeckerpflanzung

## Laub- und Nadelgehölze als Bodendecker

### Calluna vulgaris
Besenheide, Sommerheide

Die Besenheide ist die bekannteste Pflanze unserer heimischen Heidelandschaften. In der ursprünglichen Art hat sie ihre Hauptblüte, im Gegensatz zu Eriken, im Sommer. Außerdem sind die kleinen, immergrünen Blättchen schuppenförmig, während Eriken winzige, nadelförmige Blättchen besitzen. Besenheide verlangt offene, sonnige Standorte. Der Boden soll leicht und wasserdurchlässig sein, ist also je nach vorhandenen Verhältnissen z.B. mit Sand aufzulockern. Grober Weißtorf erfüllt den gleichen Zweck und sorgt zusätzlich für den richtigen Säuregrad des Bodens. Wie in der Natur sind Birken, Kiefern und Wacholder als Rahmenpflanzen auch auf dem Grab hervorragende Begleiter für die Besenheide.

Bei flächiger Pflanzung sind nach der Blüte die abgeblühten Triebe zu entfernen und zum Winterende ist ein Rückschnitt auf ungefähr halbe Höhe unbedingt notwendig. Andernfalls »schieben« sich die Zwergsträucher hoch, verkahlen im unteren Bereich und werden ihrer Aufgabe als flacher Bodendecker auf Dauer nicht mehr gerecht. In strengen Wintern schützt eine Reisigabdeckung vor Frostschäden. Bei 20 Pflanzen pro m$^2$ wird ein Deckungsgrad erreicht, der nur geringen Pflegeaufwand bedeutet.

Im Handel befinden sich unzählige Sorten, deren Blütenflor von Juli bis November und deren Höhe zwischen 20 und 60 cm variiert. Für die Grabbepflanzung kommen als Bodendecker niedrigere Sorten in Frage.

'Mullion' ist eine fast rasenförmig dicht wachsende, nur 10 cm hoch werdende Polsterform mit violettrosa Blüten von August bis September.

'County Wicklow' ist eine breitwachsende Form, mit 20 cm ebenfalls niedrig bleibend. Die reinrosa Blüten sind dichtgefüllt und erscheinen von August bis September. Die bronzefarbenen Blatt- und Triebspitzen machen 'County Wicklow' zu einer besonders wertvollen Sorte.

Eine altbekannte Sorte ist 'H. E. Beale', 25 cm hoch werdend, breit und gedrungen wachsend. Von August bis September zieren die gefüllten, hier lachsrosa und äußerst zahlreichen Blüten. Eine ebenfalls sehr empfehlenswerte Sorte.

'Aurea' ist zwar schwach wachsend, aber bis zu 30 cm hoch werdend. Das Besondere bei dieser Sorte ist die gelbliche Laubfärbung im Sommer, die im Winter einen bräunlichen Farbton annimmt.

In gut sortierten Gartenbaubetrieben finden sich weitere Sorten, die als Pflanzung im Bereich des Grabmals auch höher werden dürfen. Die Farbpalette der Blüten wird gleichzeitig durch weiß ('Alba Plena') und dunkelrot ('Carmen') bereichert.

### Cornus canadensis
Teppich-Hartriegel

Ein 10 bis 20 cm hoch werdender Bodendecker für halbschattige Standorte. Sehr zierend sowohl durch die großen, schneeweißen Blüten im Mai/Juni als auch durch die korallenroten Früchte im

Herbst. Der Teppich-Hartriegel verlangt einen mit Humus angereicherten, sauren und nicht zu trockenen Standort. Zu schaffen ist dies durch reichliches Einmischen von Torf in den Boden und regelmäßiges Gießen in trockenen Sommern. Ein anspruchsvoller Bodendecker für besondere Standorte.

## Cotoneaster dammeri
Felsenmispel, Zwergmispel

*Cotoneaster* ist wohl der am häufigsten verwendete Bodendecker überhaupt. Für ihn sprechen seine Anspruchslosigkeit an den Standort und seine Winterhärte. Sonne und Halbschatten werden gleich gut akzeptiert. Außerdem sind die Pflanzen im Juni mit weißen Blütchen geschmückt, denen ab August bis in den Winter hinein eine rote Beerentracht folgt.

Gegen *Cotoneaster* spricht allenfalls, daß man ihn ob seiner überhäufigen Verwendung auch außerhalb des Friedhofsbereichs oft schon nicht mehr sehen mag und sein Einheitsgrün als »langweilig« empfindet.

Ansonsten muß man der Zwergmispel einen sehr guten Deckungsgrad bescheinigen. Die Triebe mit den kleinen, etwa 2 bis 3 cm langen Blättchen liegen sehr flach am Boden und bilden einen zusammenhängenden, grünen Teppich.

Bei der Art *C. dammeri* sind die kräftig wachsenden Triebe insbesondere an den Beeträndern häufiger zurückzuschneiden. Pro $m^2$ sind etwa 20 Pflanzen zu verwenden.

Die im folgenden genannten Sorten wachsen langsamer und der Pflegeaufwand ist hier entsprechend niedriger.

'Streibs Findling' hat kleinere, 1 bis 1,5 cm große Blättchen und einen deutlich langsameren Wuchs. Bei 30 Pflanzen pro $m^2$ erreicht man bald eine dicht geschlossene Pflanzendecke. Die Verunkrautung ist entsprechend gering.

'Frieders Evergreen' besitzt ähnliche Eigenschaften wie die vorgenannte Sorte, ist aber etwas größer im Blatt und leicht wüchsiger.

Außerdem sind von *C. dammeri* im Handel zu finden: 'Jürgl', 'Microphylla' und *C. dammeri* var. *radicans*. Alle sind sie als Bodendecker gleich gut zu empfehlen.

## Erica herbacea
Glockenheide, Winter- oder Schneeheide, Echte Heide

Wie schon bei der Besenheide sind sonnige, offene Gräber auch der Standort der Glockenheide. Der Boden darf größere Anteile an Lehm, Humus und Nährstoffen besitzen, als dies bei der Besenheide der Fall ist und auch in bezug auf den Säuregrad ist der Duldungsbereich von schwach sauer bis schwach alkalisch wesentlich weiter gefaßt.

Die Blütezeit liegt je nach Sorte von Januar bis in den April, daher findet sich auch die deutsche Bezeichnung »Winterheide«. Nach der Blüte ist auch bei ihr ein Rückschnitt sinnvoll, um dichte, buschige Pflanzen zu erhalten; außerdem erhöht diese Maßnahme den Blütenreichtum. Insbesondere in schneelosen, kalten Wintern ist Winterschutz angebracht. Etwa 25 Pflanzen pro m² sorgen für einen so guten Deckungsgrad, daß nur wenig Wildkräuter durchkommen.

Im Durchschnitt bleiben Erikensorten niedriger und kompakter als die der Besenheide. Aus dem ebenfalls sehr großen Sortiment sind zu nennen:

'Winter Beauty' als oft verwendete, kurztriebig und kompakt wachsende Sorte mit dunkelgrüner Belaubung. Die rosaroten, besonders zahlreichen Blüten erscheinen bei milder Witterung bereits im November und blühen bis in den März!

'Vivelli' ist eine bei den Eriken altbekannte Sorte, 20 cm hoch und mit dunkelgrünem Laub im Sommer, das sich zum Winter hin bronzefarben verfärbt. Die karminroten Blüten dieser wertvollen Sorte erscheinen von Februar bis März.

'Atrorubra' wird ebenfalls nur 20 cm hoch mit karminroter, für Eriken später Blüte von März bis Mai.

Während die Besenheide auch als Tuffpflanzung von 2 bis 3 Pflanzen geeignet ist, fühlt sich die Glockenheide nur in größeren Trupps oder flächiger Pflanzung wohl.

Früh blühende Sorten wie die genannte 'Winter Beauty' eignen sich im Herbst auch als Wechselbepflanzung nach dem Abräumen des Sommerflors. Dies gilt ebenso für eine andere Heideart: die Mitsommerheide (*Erica vagans* 'Mrs. D. F. Maxwell'). Die Pflanzen erreichen bis zu 50 cm Höhe und blühen von August bis Oktober mit kräftig kirsch- bis lachsrosa Blüten.

## Euonymus fortunei
Spindelstrauch, Zwerg-Spindel, Kriechspindel

Ein Bodendecker für sonnige, halbschattige und – sofern es sich nicht um buntblättrige Sorten handelt – sogar auch noch für schattige Standorte. Die eiförmig-elliptischen Blätter sind 3 bis 6 cm lang, die Blütchen sind unscheinbar.

Ebenso wie Efeu kann der Spindelstrauch mit Haftwurzeln als Selbstklimmer Wände begrünen, ist dabei allerdings deutlich schwachwüchsiger und steigt auch nur etwa 2 bis 4 m hoch.

Als Bodendecker für Gräber finden fast nur Sorten Verwendung, die langsamer wachsen als die Art und/oder buntlaubig sind.

'Minimus', mit kleinen, nur 1 bis 1,5 cm langen Blättchen, liegt extrem flach dem Boden auf. Allerdings ist der Deckungsgrad geringer als bei *Cotoneaster* und dadurch die Verunkrautung mit entsprechendem Aufwand für das Jäten höher. Von Vorteil ist, daß 'Minimus' von sonnigen bis zu stark schattigen Standorten zu verwenden ist. Es sind etwa 30 Pflanzen pro m² einzusetzen.

Bei 'Emerald Gaiety' ist das Laub in der Mitte grün mit einem weißen Rand. Die Wuchsstärke und der Deckungsgrad sind besser als bei »Minimus«; daher ist allerdings auch häufiger Rückschnitt notwendig.

Weißbunte Kriechspindel (*Euonymus fortunei* 'Emerald Gaiety') geschnitten als Bodendecker und ungeschnitten in der Rahmenpflanzung.

'Emerald'n Gold' ist eine Sorte mit gelbgrünem Laub, ansonsten wie die vorherige mit 20 Pflanzen pro m$^2$ einzusetzen. Im Winter verfärben sich die Blätter rosa bis rötlich.

Die »bunte« Wirkung der beiden letztgenannten Sorten verlangt bei ihrer Verwendung besondere Sorgfalt. Gedanken zur farblichen Harmonie mit Nachbargräbern sind hier ebenso wichtig wie zusätzliche Überlegungen bezüglich der farblichen Einbindung mit der Wechselbepflanzung. Sofern diese Fragen positiv beantwortet sind, kann man beide buntblättrige Sorten jedoch als pflegeleichte und frostharte Bodendecker empfehlen.

## Gaultheria procumbens
Scheinbeere, Rebhuhnbeere

Wie beim Teppich-Hartriegel wird auch von der Scheinbeere ein saurer, torfhaltiger und feuchter Boden verlangt. Als Standort sind Sonne und Halbschatten geeignet. Die glänzend dunkelgrünen Blätter färben sich im Winter rötlich. Von Juni bis August erscheinen kleine weiße Blütchen, denen von Oktober bis in den Mai hinein glänzendrote Beeren als in der Tat bemerkenswerter Fruchtschmuck folgen. Durch Ausläufer wird der Boden bei etwa 25 Pflanzen pro m$^2$ bald dicht bedeckt.

Ein anspruchsvoller, aber wunderschöner Bodendecker, der optimal mit Azaleen, Rhododendron, Lavendelheide, Besen- und Glockenheide sowie einigen Gräsern zu kombinieren ist. Obschon er als absolut winterhart beschrieben wird, kommt es leider trotzdem in rauhen Lagen und harten Wintern immer wieder zu Teil- oder seltener gar zu Totalausfällen.

## Hedera helix
Efeu

Vom Süden bis zum Norden Europas ist der Efeu seit altersher heimisch. In andere Kontinente wie z.B. Nordamerika wurde er eingeführt und so läßt sich mit Recht sagen, daß Efeu zu den bekanntesten Pflanzen überhaupt zählt.

In seiner heutigen Verwendung ist Efeu sowohl als Selbstklimmer an Mauern und Wänden wie auch als Bodendecker gleich gut bekannt. Halbschattige bis schattige Standorte werden bevorzugt, in praller Sonne können Verbrennungen auftreten und die Gefahr des Schädlingsbefalls mit Roter Spinne, einer Milbenart, steigt. An den Boden werden kaum Ansprüche gestellt. Von Vorteil ist trotzdem eine Humusversorgung vor oder nach der Pflanzung mit Rindenhumus.

Bei Verwendung kräftiger Pflanzen mit etwa 8 bis 10 kurzen Triebe, die in Töpfen von 9 bis 10 cm Durchmesser kultiviert werden, werden 15 bis 20 Pflanzen pro m$^2$ gepflanzt. Bei kleinerer, schwächerer Ware können es bis zu 30 Pflanzen pro m$^2$ sein. Die Fläche ist dann innnerhalb eines Jahres weitgehend dicht. Zu dichter Stand fördert ähnlich wie bei etlichen anderen Arten den Befall mit Pilzkrankheiten. Zu lange Triebe werden vor der Pflanzung zurückgeschnitten, um ein einheitliches Pflanzbild zu erreichen.

Von den vielen im Handel befindlichen Sorten sind nur einige als Bodendecker geeignet. Gefragt sind kurze, vieltriebige und zugleich winterharte Sorten, von denen im folgenden einige beschrieben werden.

'Sagittifolia' hat pfeilförmige Blätter, einen mäßigen Wuchs und insgesamt etwas weniger dicht werdendes Laubwerk als 'Deltoidea'. Die stumpf- bis mattgrünen Blätter verfärben sich zum Herbst/Winter hin zunehmend violett-bronzefarben.

'Sylvatica' ähnelt in der Blattform der vorherigen Sorte, ihre sattgrün glänzenden Blätter haben einen guten Deckungsgrad.

'Minima' ist eine schwachwachsende Sorte mit dem »efeutypischen«, fünflappigen Blatt. Die olivgrünen Blätter besitzen deutlich aufgehellte Blattadern ohne Winterfärbung.

'Shamrock'

'Green Ripple'

'Minima'

'Pedata'

'Atropurpurea'

'Glacier' gilt als eine der wenigen, zumindest in milderen Lagen winterfesten Efeusorten mit weißgrünem Laub. Der schmale weiße Rand der insgesamt eher graugünen Blätter verfärbt sich im Winter rosarot.

Weitere geeignete Sorten sind im Handel zu finden: 'Plattensee', 'Shamrock', 'Pedata', 'Atropurpurea' und 'Green Ripple' sind einige Beispiele.

'Deltoidea' ist eine langsam wachsende Sorte von *Hedera hibernica* mit schild- bis herzförmigen Blättern. Er ist auch unter dem deutschen Namen Schildefeu bekannt. Durch die besondere Blattform wirkt dieser Efeu sehr interessant. Sonniger Standort im Sommer erhöht hier offensichtlich die Winterhärte; trotzdem ist er in sehr kalten Gebieten wegen seiner begrenzten Winterhärte nicht zu empfehlen.

Wesentlich beim Einkauf ist immer die Frage nach der Winterhärte. Als zusätzliches Problem kann die oft unklare Benennung der Sorten auftreten, daher empfiehlt es sich, gezielt in anerkannten Baumschulen und Friedhofsgärtnereien zu kaufen.

## Juniperus horizontalis 'Glauca'
Blauer Kriechwacholder

Der Kriechwacholder ist der mit Abstand am häufigsten verwendete Bodendecker aus der Gruppe der Nadelgehölze. Verwendung findet nahezu ausschließlich die Sorte 'Glauca' mit blaugrüner Benadelung. Vollsonnige Standorte sind optimal, aber auch leichter Halbschatten wird vertragen. Wacholder als Bodendecker lassen sich unter anderem hervorragend mit Rhododendron, Skimmien, Kiefern, Besenheide und Gräsern kombinieren. An den Boden werden keine besonderen Ansprüche gestellt. Im ersten Jahr nach der Pflanzung erfolgt meistens kaum Zuwachs, danach aber wird der Boden mit den mattenartig aufliegenden Trieben rasch zugedeckt. Regelmäßiger Rückschnitt der Triebspitzen verbessert den Deckungsgrad.

Die hohe Frosthärte, die Anspruchslosigkeit und der geringe Pflegeaufwand erheben den Kriechwacholder zu einem besonders dauerhaften und geeigneten Bodendecker. Als optischer Vorteil ist zusätzlich die geringe Höhe von maximal

65

Das dunkle Laub
des Kriech-Wacholders (*Juniperus
horizontalis*
'Glauca') bildet den
richtigen Untergrund für diesen
sehr farbintensiven
Grableger.

## Muehlenbeckia axillaris
Polsterknöterich, Scheinknöterich

Ein gerade mal 3 bis 5 cm »hohes« Pflänzchen mit kleinen, nahezu kreisrunden Blättern. Infolge der unterirdischen Ausläufer breitet der Polsterknöterich sich zu dichten und dauerhaften Teppichen aus. 30 bis 40 Pflanzen pro m² fördern die schnelle Deckung. Die kleinen weißen Blütchen im Juli sind ebenso unscheinbar wie die glasigen Früchte. Bevorzugt werden vollsonnige Standorte, doch wird auch Halbschatten vertragen.

Ein deutlicher Vorzug ist der ruhige Gesamteindruck der flachen grünen Bodenmatte, aus der heraus die Wechselbepflanzung besonders gut zur Wirkung kommt. Weiterhin sind keine Schnittmaßnahmen notwendig, der Deckungsgrad ist gut und die Winterhärte weitgehend zufriedenstellend.

Als Nachteil muß man allerdings ansehen, daß der Polsterknöterich im Verlaufe des Winters das Laub verliert und somit als einziger nicht »Immergrüner« in dieser Auflistung auftritt.

## Pachysandra terminalis
Dickmännchen

Dieser Bodendecker mit dem seltsamen deutschen Namen ist bestens für halbschattige bis schattige Grabbeete geeignet. Die Pflanze wird etwa 25 cm hoch und die frischgrünen, lederartigen Blätter sitzen sehr dicht zusammen. Dadurch bildet *Pachysandra* schon bald nach der Pflanzung einen weichen, dichten Teppich. Dazu trägt zudem die starke Ausläuferbildung im Frühjahr bei, mit deren Hilfe bestehende Lücken geschlossen werden.

Im Winter verfärben sich die Blätter leicht ins gelbliche, Frostschäden aber wurden bei diesem Bodendecker bislang nicht beobachtet.

Im Frühjahr, ab April, erscheinen 5 bis 10 cm lange, weiße Blütenähren. 25 Pflanzen pro m² sind ausreichend für eine schnelle Deckung. Der Pflegeauf-

20 bis 30 cm anzuführen. Je nach Größe der gekauften Pflanzen reichen 8 bis 10 Stück pro m². Da der Zuwachs auf Dauer deutlich stärker als bei den meisten der aufgeführten Laubgehölze ist, eignet sich der Kriechwacholder auf größeren Wahlgräbern besser als auf kleinen Reihengräbern.

Neben dem Genannten findet auch der sehr robuste flache Kriechwacholder (*Juniperus communis* 'Repanda') hier und da Verwendung. Bei gleicher Höhe breitet er sich gleichmäßig nach allen Seiten hin dicht deckend aus. Die Nadeln dieser Art sind je nach Bodenverhältnissen von dunkel- bis zu graugrüner Färbung mit silbrigem Mittelstreifen.

## Lonicera pileata
Heckenkirsche, Böschungsmyrte

Eine in jeder Beziehung anspruchslose Pflanze für nahezu jeden, vorzugsweise aber halbschattige bis tief schattige Standorte. Der sehr kräftige Wuchs verlangt regelmäßigen starken Rückschnitt an den Rändern und von oben und damit deutlich erhöhten Pflegeaufwand. Unter dieser Voraussetzung bildet er aber sehr dichte, geschlossene Bestände, die praktisch keinen Wildkrautwuchs mehr durchlassen.

wand ist gering; gelegentlicher Rückschnitt im Frühjahr fördert dichten Wuchs. Insgesamt am richtigen Standort ein ohne Einschränkung zu empfehlender Bodendecker.

Besonders gut geeignet ist die Sorte 'Green Carpet'. Sowohl die gesamte Pflanze als auch die Einzelblättchen sind kleiner als bei der Art, der Wuchs ist kompakter und der Deckungsgrad sehr hoch.

## Rubus calycinoides
Teppichbrombeere

Diese niedrigste Brombeerart wird höchstens 10 cm hoch. Die kriechenden und wurzelnden Triebe liegen dem Boden dicht auf und der Bestand ist schnell dicht. Sowohl die Blüten als auch die Früchte sind unscheinbar. Die Teppichbrombeere bevorzugt halbschattige Standorte und ist für rauhe Lagen weitgehend ungeeignet.

## Vinca minor
Immergrün

Neben *Pachysandra* ist das Immergrün einer der zuverlässigsten Bodendecker für halbschattige bis schattige Standorte. Die kleinen Blättchen sind glänzend dunkelgrün und die bis 15 cm hoch werdende Pflanze deckt mit langen Trieben den Boden bald nach der Pflanzung zu. Von Mai bis in den September schmücken sich die Pflanzen mit violettblauen Blüten von gut 2 cm Durchmesser.

Ein Rückschnitt der Triebe auf der Grabfläche und am Beetrand ist ein- bis zweimal pro Jahr erforderlich. Pro m$^2$ genügen 20 bis 25 Pflanzen. Die Winterhärte von *Vinca* ist gut. Im Handel befinden sich sowohl Sorten mit weißen, purpurroten und dunkelblauen Blüten als auch eine Sorte 'Variegata' mit gelbbunten Blättern.

Insbesondere bei größeren Grabstätten sind *Pachysandra* und *Vinca* von sehr ansprechender optischer Wirkung. *Pachysandra* liefert dabei das hellere, auffallendere Grün, während *Vinca* durch seinen dunklen Glanz besticht. In der Kombination zur Rahmenpflanzung kann man sich *Pachysandra* insofern besser zu Nadelgehölzen und auch einem rotblättrigen Ahorn vorstellen, *Vinca* hingegen sehr gut zusammen mit dunkellaubigen Rhododendron.

# Stauden als Bodendecker

## Acaena
Stachelnüßchen

Von dieser zierlichen Staudenpflanze finden zwei Arten Verwendung. *A. buchananii* zeichnet sich durch grau- bis bläulichgrüne Blättchen mit silbriger Behaarung aus, während *A. microphylla* 'Kupferteppich' mit rotbrauner Belaubung ziert. Beide Arten werden nur 5 bis 10 cm hoch und erreichen durch Ausläufer bei 25 bis 30 Pflanzen pro m$^2$ eine rasche Deckung der Fläche. Hervorzuheben sind die nach der unscheinbaren Blüte erscheinenden, stachlig bewehrten Samenstände. Vollsonnige bis höchstens halbschattige Standorte sind Voraussetzung, an den Boden werden keine besonderen Ansprüche gestellt. In feuchtkalten Wintern empfiehlt sich eine Reisigabdeckung.

Leider kann nach drei bis vier Standjahren der Bestand lückig werden. Dann sind die Pflänzchen entweder aufzunehmen und nach Teilung bzw. Abnahme der Ausläufer neu zu setzen, oder die Lücken sind mit zusätzlichen Stachelnüßchen zu füllen.

*A. buchananii* ist besonders in der Kombination mit Grabsteinen in Grau-/Blautönen zu empfehlen. Zu beiden passen Gräser wie das Lampenputzergras (*P. alopecuroides*) und farblich zur braunroten Sorte 'Kupferteppich' die zierliche Fuchsrote Segge (*Carex buchananii*). Im herbstlichen Beet der Wechselbepflanzung ist die Hebe (*Hebe pinguifolia*) ein farblich harmonischer Begleiter zu *A. buchananii*.

Ein hübscher Vertreter unter den staudigen Bodendeckern ist die Laugenblume (*Cotula squalida*).

## Asarum europaeum
Haselwurz

Sie besticht durch ihre auffallend glänzend dunkelgrünen Blätter, die eine außergewöhnliche, breit-nierenförmige Form aufweisen. Haselwurz gedeiht an schattigen Plätzen auch unter Bäumen, allerdings muß der Boden zuvor reichlich mit Humus angereichert werden. Bei 30 Pflanzen pro m$^2$ wird nur allmählich ein mittlerer Deckungsgrad erreicht.

## Azorella trifurcata
Andenpolster

Die dichten, rasig wachsenden Polster erreichen auf kleineren Grabflächen in sonniger bis halbschattiger Lage eine hervorragende Wirkung. Die kleinen, dunkelgrünen Blattpolster werden nur 5 cm hoch, die zierlichen Blütchen sind grünlichgelb und eher unscheinbar. Nach einigen Jahren können kahle Stellen auftreten. In rauhen Lagen und in naßkalten Wintern sind Teilausfälle möglich; lokkere Abdeckung mit Fichtenreisig schafft bedingt Abhilfe. Der langsame Wuchs verlangt etwa 35 Pflanzen pro m$^2$.

## Cotula squalida
Laugenblume, Fiederpolster

In der Gruppe der Stauden für sonnige bis halbschattige Standorte ein Bodendecker mit besonderem Wert. Laugenblumen bilden 3 bis 5 cm flache, dichtrasige Teppiche aus. Die Blättchen und auch die übrige Pflanze mit den kriechenden und dadurch gut deckenden Stengeln ist wollig behaart. 25 bis 30 Pflanzen pro m$^2$ verhelfen zu geringem Pflegeaufwand. Das einheitliche Wuchsbild und die unaufdringliche, etwas stumpfe braungrüne Färbung der Blätter erlaubt eine Kombination mit nahezu allen Vertretern der Rahmen- und Wechselbepflanzung.

Sowohl die Laugenblume als auch das Stachelnüßchen lassen sich gut mit nicht zu hoch werdenden Zwiebelpflanzen kombinieren, die dann im Frühjahr durch den Laubteppich wachsen. Zu nennen sind hier beispielsweise Krokusse, Schneeglöckchen sowie kleinbleibende, botanische Narzissen- und Tulpenarten.

## Dryas octopetala
Silberwurz

Ein ebenso interessanter wie geeigneter Bodendecker mit oberseits runzligen, sattgrünen Blättern, die unterseits weißfilzig, silbrig behaart sind. Der Silberwurz wird etwa 10 cm hoch und die niederliegenden Triebe bilden dichte Matten. Im Mai–Juni schmücken hübsche, 5 bis 20 cm hohe weiße Blütchen, denen ebenso beachtenswerte weißgraue, wollige Samenstände folgen. 30 Pflanzen der eher schwachwüchsigen Silberwurz sollten pro m$^2$ gepflanzt werden.

Wie an ihren natürlichen Standorten paßt sie gut zusammen mit Eriken, Rhododendron, Gräsern und bei größeren Grabstätten kleinbleibenden Birken. Deutlich starkwüchsiger und damit auch für größere Flächen geeignet ist die Art *D. × suendermannii.*

## Herniaria latifolia
Bruchkraut

Eine besonders dichtrasige, dem Boden direkt aufliegende Pflanze, die auch für kleine Grabflächen geeignet ist. Bei Verwendung von 40 Pflanzen pro m$^2$ wird ein guter Deckungsgrad erreicht. Durchlässige, kalkarme Böden in sonniger Lage werden bevorzugt. Nach einigen Standjahren und in naßkalten Wintern treten ähnliche Probleme wie beim Andenpolster auf. Eine Reisigabdeckung empfiehlt sich daher auch bei diesem Bodendecker.

## Saxifraga
Steinbrech

*S. umbrosa* 'Elliot' ist unter den deutschen Bezeichnungen Porzellanblümchen, Schattensteinbrech und auch Jehowablümchen bekannt. Die Pflanze bildet kleine Blattrosetten, die im Mai–Juni von weißen Blüten mit zahlreichen roten Punkten überragt werden.

Das Porzellanblümchen ist insbesondere für kleinere, schattige Grabflächen sehr gut geeignet. Es dauert bei 30 Pflanzen pro m$^2$ zwar etwas länger bis zur Bildung dichter Polster, danach aber erfordert der ständige Wuchs von Zeit zu Zeit sogar ein Ausdünnen der Pflanzung.

Selten verwendet, aber in etwas geschützten Lagen den Versuch durchaus wert: das Sternmoos (*Sagina subulata*).

Insgesamt ein sehr aparter Bodendecker, der ähnlich den Sedumarten während der Vollblüte äußerst attraktiv wirkt!

*S. cuneifolia* bildet mit 20 cm höher werdende und größere Rosetten. Er eignet sich weniger zur großflächigen Verwendung, sondern eher zum Beispiel in Kombination mit *S. umbrosa* um ein Ansteigen der Bepflanzungshöhe zum Grabstein hin zu erreichen.

Beide Steinbrecharten sind gut winterhart und benötigen keinerlei Abdeckung. Als Rahmenpflanzung bieten sich schattenverträgliche Azaleen, Skimmien, Kalmien und Lavendelheide an. Gräser und Eriken können das Pflanzbild auflockern.

## Sedum
Fetthenne, Fettblatt

Aus der Vielzahl der Arten und Sorten dieser bekannten Pflanzengattung sind nur einige wenige als Bodendecker auf dem Friedhof geeignet. Zu diesen zählt in erster Linie *S. floriferum* 'Weihenstephaner Gold'. Wie alle Sedumarten für sonnige Standorte geeignet, bildet diese mit ihren dunkelgrünen, 20 bis 25 cm langen Trieben dicht geschlossene Bestände. Zur Blattfarbe kontrastieren wunderbar im Juli die goldgelben Blüten.

*S. spurium* 'Fuldaglut' ist auch unter der deutschen Bezeichnung »Teppichsedum« bekannt, dies ist ein deutlicher Hinweis auf die gute Eignung dieser 10 bis 15 cm hoch werdenden Art. Die genannte Sorte zeichnet sich neben karminroten Blüten zusätzlich durch dunkelrote Blätter aus. Wem dies farblich riskant erscheint, kann auf die grünblättrige Sorte 'Album Superbum' mit weißen Blüten zurückgreifen.

Nur 10 cm hoch wird *S. hybridum* 'Immergrünchen'. Die frischgrünen Blätter bilden dichte Matten und im Mai erscheinen wenige, im Juli bis August dann recht viele, gelbe Blüten. *S. hybridum* gilt als besonders gute Bienenweide.

Alle genannten Arten stellen keine speziellen Bodenansprüche. Er sollte allenfalls durchlässig sein, da es sonst bei längerem Regen zu Fäulnis kommen kann.

30 bis 40 Pflanzen pro m$^2$ ('Fuldaglut') sind zu pflanzen. Die Winterhärte der genannten Arten ist gut, eine Reisigabdeckung ist nicht zu empfehlen.

## Tiarella cordifolia
Schaumblüte

Die Schaumblüte ist mit bis zu 30 cm die höchste der genannten, bodendeckenden Stauden. Dazu kommen im April–Mai noch die weißen Blütentrauben, die man bald nach der Blüte entfernen soll. Dafür wächst diese Pflanze aber auch noch willig an vollschattigen Stellen und ihr dichtes, frischgrünes Laub läßt kaum Wildkrautwuchs durch. Im Winter zeigt das Laub eine rötliche Herbstfärbung. Speziell für größere Grabstellen und als Vorpflanzung der Rahmenpflanzen beweist die Schaumblüte bei 20 bis 25 Pflanzen pro m$^2$ ihre gute Eignung.

## Waldsteinia ternata
Golderdbeere

Den erdbeerähnlichen Blättern und – allerdings goldgelben – Blüten verdankt dieser wertvolle Bodendecker seinen Namen. Er überzeugt an halbschattigen und schattigen Stellen auch dann noch, wenn durch größere Bäume in unmittelbarer Umgebung der Standort als bodentrocken anzusprechen ist.

Die nur 10 cm hoch werdende Pflanze erreicht durch kriechende Ausläufer sehr rasch einen hohen Deckungsgrad. Über Winter kann sich ein Teil des Laubes braun färben, was sich im Frühjahr aber wieder auswächst. Gelegentliches Zurückschneiden an den Rändern und den Grenzen zur übrigen Bepflanzung ist notwendig. Infolge ihrer Genügsamkeit ein sehr wertvoller Bodendecker!

Linke Seite: Steinbrech (*Saxifraga*-Arten) sind dank ihrer Blattrosetten und der zierlichen Blütchen ein besonderer Pflanzenschatz für Gärten und natürlich auch für Gräber. Blühende Rhododendron ergänzen die steinernen Blumen des Grabdenkmals.

# Schöne Pflanzen für die Wechselbepflanzung

## Erste Frühlingsboten

Stiefmütterchen, Primeln, Vergißmeinnicht, Gänseblümchen und mit deutlichem mengenmäßigen Abstand Ranunkeln bilden das Hauptsortiment der Wechselbepflanzung im Frühjahr.

## Viola-Wittrockiana-Hybriden
Stiefmütterchen

Die Hauptblüte- und -pflanzzeit für Stiefmütterchen ist das Frühjahr etwa ab Anfang bis Mitte März. Der Handel bietet die Pflänzchen als Ballen- und als Topfware an. Erstere sind deutlich preisgünstiger, dafür ist die Topfware sauberer zu transportieren und sicherer im An- und Weiterwachsen. Richtige Wirkung erzielen Stiefmütterchen bei enger, flächiger Pflanzung, weil nur dann die Blüten dicht an dicht stehend das Bild eines blühenden Frühjahrsteppichs vermitteln können.

Bestimmte Sorten und Rassen zeigen auch im Herbst schon einen starken Flor. Sie werden insbesondere in ländlichen Gegenden bereits vor oder zu Allerheiligen gepflanzt. Hierbei überwiegt dann meist eine lockere Pflanzweise, die man aber gegebenenfalls im Frühjahr mit zusätzlichen Pflänzchen auffüllen kann.

Ein erhebliches Problem insbesondere bei der Herbstpflanzung stellt der Kaninchenfraß dar. Absoluten Schutz gibt es wohl nicht. Es hilft aber Gießen mit einem Buttermilch-Wasser-Gemisch im Verhältnis von 1:3 bis 1:4.

Linke Seite: Frühlingserwachen auf diesem Grab mit gelben Narzissen (*Narcissus pseudonarcissus*), dunkel violett-blauen Hyazinthen (*Hyacinthus orientalis*) und Vergißmeinnicht sowie rosa Maßliebchen (*Bellis perennis*).

Ranunkeln (*Ranunculus*-Hybriden) sind in vielerlei Farben und Blütenfüllungen auf dem Markt. Ihre beeindruckende Blütenpracht ist leider nicht ganz so langlebig wie die anderer Wechselpflanzen des Frühjahrs.

Stiefmütterchen
(*Viola*-Wittrok-
kiana-Hybriden)
sind altbewährte
Dauerbrenner auf
den Gräbern von
Herbst bis ins späte
Frühjahr, hier mit
*Saxifraga*-Arendsii-
Hybriden.

Die Züchtung erzeugt bei Stiefmütterchen Sorten mit immer größeren Blüten. Meist geht diese Riesenblumigkeit allerdings auf Kosten der Reichblütigkeit. Für den Friedhof soll man nach Sorten mit mittelgroßen bis großen Blüten verlangen, die zudem im Wuchs kompakt bleiben müssen. Wird außerdem eine ansprechende Herbstblüte gewünscht, erfüllen zum Beispiel 'Vorbote', 'Grandeur', 'Aurora' und 'Juwabrid' diese Anforderungen.

Zunehmender Beliebtheit erfreuen sich auch Züchtungen des Hornveilchens (*V.*-Cornuta-Hybriden). Sie sind in allen Pflanzenteilen kleiner als Stiefmütterchen. Pflanzen kann man sie ebenfalls im Herbst und im Frühjahr. Da sie aber auch noch bei hohen Temperaturen kompakt bleiben und gut blühen, erweitert sich ihre Eignung sogar noch auf das Sommerbeet oder die Sommerschale. 'Piccola', 'Bambino', 'Alpensommer' und 'Sorbet' sind einige Namen aus dem bewährten Sortiment.

## Primula vulgaris
Primel

Primeln gelten als die Frühlingsboten schlechthin. In milderen Gegenden kann man sie bereits ab Ende Februar in frühen Sorten wie 'Frühlo' und 'Eblo' auspflanzen, wenn allerdings auch stärkere Spätfröste die Blütenpracht erheblich schädigen können. Ansonsten gelten sie in ihrer Farbenvielfalt als unproblematischer Dauerblüher bis zur Ablösung durch den Sommerflor. Auch bei Primeln sind ähnlich wie bei den Violen kleinblühende Sorten im Angebot, die neben den üblichen Großblumigen ebenso liebevolle Wirkungen auf dem Wechselbeet erzeugen können.

## Myosotis-Hybriden
Vergißmeinnicht

Vergißmeinnicht blühen etwas später, ab April, als die vorgenannten Arten und erreichen je nach Sorte eine Wuchshöhe von 15 bis 30 cm. An sonnigen bis halb-schattigen Standorten sind ihre tief-blauen Blüten ein Frühjahrsschmuck von hohem Symbolwert. Bei zu dichtem Stand neigen die unteren Blätter zum Verfaulen und Schimmelpilze (*Botrytis*) können einzelne Pflanzen zum Umfallen bringen. Außerdem kann bei ungünsti-gen Witterungsverhältnissen nach eini-ger Zeit ein weißer Belag – der Echte Mehltau – auf Blättern und Sprossen auf-treten. Insgesamt sind Vergißmeinnicht eher als »Übergangs-« oder »Brücken-pflanze« bis zum Beginn des Sommer-flors anzusehen.

## Die Sommerbepflanzung

### Begonia
Begonien

Zwei Arten von Begonien zählen zum Standardsortiment der Grabbepflanzung: Knollenbegonien und Eisbegonien oder Immerblühende Begonie.

Knollenbegonien (*B.*-Knollenbegonien-Hybriden) bevorzugen lockere und nicht zu trockene Böden. Stark windexpo-nierte Standorte sind ungeeignet. Halb-schatten und lichter Schatten entspre-chen den natürlichen Bedingungen, neuere, robuste Sorten sind aber bei ent-sprechender Bodenfeuchte auch für die Sonne geeignet. Von den riesenblumi-gen Sorten ist wegen ihrer Empfindlich-keit für den Friedhof abzuraten. Das ver-bleibende Sortiment jedoch überrascht mit einer Vielfalt von Blütenfarbtönen: dunkelstes Rot ist ebenso vertreten wie Feuerrot, Orange, Lachs, Rosa in ver-schiedenen Tönungen, Gelb und Weiß. Dazu variieren die Blüten noch von stark gefüllt bis hin zu einfach blühenden Sor-ten.

Neuerdings wurde das Angebot um besonders dunkellaubige Sorten berei-chert, die neben ihrer optischen Sonder-wirkung auch größere Hitzeverträglich-keit an sonnigen Standorten mitbringen. 'Pin-Up', 'Nonstop' und 'Musical' seien als Vertreter dieser Sortengruppe ge-

Die modernen Sor-ten der Eisbegonien (*Begonia*-Semper-florens-Hybriden) sind robuster gewor-den und ver-tragen Standorte vom lichten Schat-ten bis zur vollen Sonne.

nannt. Dabei könnte man 'Pin-Up' als echten Star bezeichnen: die bis zu 10 cm großen, einfach weißen Blüten mit zartrosa Kante ergeben eine geradezu extravagante Wirkung.

Eisbegonien (*B.*-Semperflorens-Hybriden) haben eine ähnliche Entwicklung wie Knollenbegonien hinter sich: ursprünglich den halbschattigen Standorten vorbehalten, akzeptiert das neuere Sortiment auch die volle Sonne. Den etwas später blühenden Sortengruppen ist wegen ihrer ausdauernden Blühfreudigkeit der Vorzug zu geben.

Die Blüten der zwischen 20 bis 30 cm hoch werdenden Pflänzchen sind in roten und rosa Farbtönen sowie in weißen Sorten vertreten und bringen von Mitte Mai bis Ende September Farbe auf das Grab. Die dickfleischigen, glänzenden Blätter sind hell- oder dunkelgrün bis rotlaubig. Bei den grünlaubigen sind unter anderem die verschiedenen Farben der 'Eureka' und der 'Olympia' Sorten als wetterfest und hitzebeständig bekannt; bei den dunkellaubigen gilt dies für die 'Rio'-Serie, für 'Rum' und viele andere mehr. Eisbegonien können sowohl allein als auch in Kombination mit anderem Sommerflor in der Wechselbepflanzung Verwendung finden.

Außerdem hat in letzter Zeit die Elatior-Begonie zunehmend an Bedeutung und Beliebtheit gewonnen. Bei ihrer Verwendung sollte beim Kauf in der Gärtnerei nach Sorten gefragt werden, die auch längeren Hitzeperioden trotzen können. Als zwei Beispiele seien 'Rosade' und 'Barkos' genannt, aber sicherlich kann der Fachmann regional weitere geeignete Sorten empfehlen.

# Fuchsia-Hybriden
## Fuchsien, Blutströpfchen

Sie gehören zu den Traditionspflanzen bei der Gestaltung von Beeten, Balkonkästen, Kübeln und Gräbern. Ihre Blüten mit den farbigen, nach außen gestellten Kelchblättern und den meist andersfarbigen, einfachen oder gefüllten Blütenblättern sind von besonderer Grazie und Schönheit. Verstärkt wird diese Wirkung noch durch die weit aus der Blüte heraushängenden Staubfäden, die ihrerseits noch von Teilen des weiblichen Blütenorgans – hier dem Griffel und der Narbe – überragt werden.

Ideale Bedingungen finden Fuchsien in halbschattigen, nicht zu windigen Lagen. Je sonniger der Standort, um so wichtiger wird die regelmäßige Wasserversorgung. Einmal eingewachsen – also etwa 3 bis 5 Wochen nach der Pflanzung – sind Fuchsien dankbar für zusätzliche Düngergaben. Die Beimischung eines der üblichen im Handel erhältlichen Flüssigdünger zum Gießwasser sollte etwa alle 2 Wochen erfolgen. Die Pflanzen danken es mit verstärktem Blütenflor.

Tritt über Sommer eine Blühpause ein, so kann dies an mangelnder Nährstoffversorgung oder auch sortenbedingt sein. Als Dauerblüher bekannt sind Sorten wie 'Beacon' (rote Kelch-, blauviolette Blütenblätter), 'Deutsche Perle' (weiß/hellrot), 'Tom Thumb' (rot/blau), 'Hanna' (rot/weiß) und andere mehr.

In feuchten Sommern kann insbesondere bei der Sorte 'Beacon' Grauschimmel (*Botrytis*) auftreten, der zum Abfaulen einzelner Triebabschnitte oder im Extremfall auch der ganzen Pflanze führen kann. Enger Stand fördert die Befallsgefahr. Beim Auftreten sind die befallenen Teile abzuschneiden und eventuell Pflanzen auszutauschen.

# Impatiens
## Fleißige Lieschen

Der deutsche Name weist wohl auf die unermüdliche Blühfreudigkeit der Impatiens hin, die von Sonne bis Schatten auf mäßig feuchten Böden willig wächst. Mit Dünger ist sparsam umzugehen, da ein Zuviel übermäßig starkes Wachstum mit weichen, umkippenden Trieben zur Folge hat.

Insbesondere in sehr nassen Sommern sind die Pflanzen von Zeit zu Zeit auszuputzen: abfallende und leicht faulende

Blüten und Blätter entfernen, gebrochene Triebe sauber abknipsen oder abschneiden.

Die für den Friedhof geeigneten Sorten müssen robust, kompakt im Wuchs und gut verzweigt sein. Erfüllt werden diese Forderungen von den 'Expo'-Sorten, von 'Florette', 'Impuls' und anderen.

Deutlich größer in Laub, Blüte und gesamtem Habitus sind die *Impatiens*-Neu-Guinea-Hybriden. Neu-Guinea-Hybriden bedürfen sonniger bis halbschattiger, nicht zu windiger und möglichst gleichmäßig feuchter Standorte. Das Auspflanzen soll nicht vor Ende Mai/Anfang Juni erfolgen. Sie blühen ohne Unterbrechung von Mai bis zum ersten Frost. Während beim üblichen Sommerblumensortiment im Herbst die Blühfreudigkeit nachläßt, nimmt sie bei Neu-Guinea-Hybriden sogar noch zu.

Etliche Sorten werden allerdings für das Grab zu hoch. Bestens geeignet ist 'Selenia'. Sie bringt überreichlich leuchtend orangerote Blüten hervor, besitzt glänzend frischgrünes Laub, verzweigt sich sehr gut und bleibt dabei kompakt. Ebenfalls hervorragende Grabeignung hat die Sorte 'Delias' mit großen, rosa Blüten, kleinerem Laub und gleichmäßig kompaktem Wuchs. 'Jasius' gilt als beste reinweiße Sorte, 'Anaea' mit etwas kräftigerem Wuchs blüht dunkelrot und 'Melissa' verliert bei relativ kräftigem Wuchs das Korallenrosa seiner Blüten weder bei starker Sonneneinstrahlung noch bei Regen

## Pelargonium-Zonale-Hybriden
Geranien

In Balkonkästen, in Beeten und Kübeln sind Geranien mengenmäßig jedes Jahr der Deutschen liebstes Kind. Auf dem Friedhof findet sie wegen ihres stärkeren Wuchses auf einstelligen Reihengräbern nicht ganz so oft Verwendung, gehört aber auch hier insgesamt zum häufig gesehenen Sortiment. Überzeugend ist ihre Widerstandskraft an vollsonnigen, auch

Als Dauerblüher erweisen sich Fleißige Lieschen (*Impatiens*-Wallerania-Hybriden) – hier auf einem Urnengrab mit Efeu (*Hedera helix*) als Bodendecker.

mal trocken werdenden Standorten. Wo etwa Fuchsien, Leberbalsam oder Chrysanthemen längst Blätter und Laub hängen lassen, überdauert die Geranie nahezu unbeeindruckt bis zum nächsten Regen oder Gießen.

Rot- und Lachstöne sowie Weiß dominieren in einem Sortiment, das in seiner Vielfalt kaum mehr überschaubar ist und zudem regionale Schwerpunkte aufweist. Wichtig ist insofern auch hier der Rat des gärtnerischen Fachmannes. Sehr starkwüchsige Sorten sind weniger geeignet, außerdem ist die sogenannte Selbstreinigung gerade im Friedhofsbereich wichtig. Gemeint ist damit die Eigenschaft, abgeblühte Blüten möglichst rasch von selber abzustoßen, was besonders nach kühler Witterung oder Regenperioden von Bedeutung wird.

Solche und weitere für den Verbraucher wesentliche Kriterien – wie Wetterfestigkeit und Hitzebeständigkeit – werden regelmäßig getestet und der Fachhandel kann dann die Ergebnisse in der Kundenberatung weitergeben.

Am Pflanzstandort sind Geranien für Düngergaben äußerst dankbar. Man kann beim Pflanzen länger wirkende organische Dünger einmischen, mit mineralischen Langzeitdüngern arbeiten und/oder alle 14 Tage dem Gießwasser einen Flüssigdünger zugeben. Immer werden Geranien dies mit sattgrünem Laub und überreichlichem Flor belohnen.

## Einfassungspflanzen

Je nach örtlichen Gepflogenheiten und je nach Geschmack ist es üblich, Pflanz-

Echeverien (*Echeveria elegans*) sieht man an, daß sie zur Familie der Dickblattgewächse gehören. Eine zweite beliebte Einfassungspflanze ist das Papageienblatt (*Althernanthera ficoidea*), hier in zwei Sorten mit grün-gelbem und mit rotem Laub.

beete »einzurahmen« und sie damit optisch stärker von den Bodendeckern zu trennen. Häufig werden zu diesem Zwecke Echeverien verwendet; eine Sukkulente, deren dickfleischige Blätter rosettenartig angeordnet sind. Meistens werden die beiden Arten *Echeveria derenbergii* und *Echeveria elegans* gepflanzt. Beide werden etwa 10 cm hoch und sind wie der übrige Sommerflor nicht winterhart. Man kann sie aber im Herbst aus dem Boden nehmen und in Töpfen im Haus überwintern.

Ebenfalls mit 5 bis 10 cm sehr niedrig bleibend, aber von ganz anderem Aussehen ist das Papageienblatt (*Alternanthera ficoidea* 'Bettzickiana'). Die kleinen Blättchen sind rot-grün geflammt und dienen bei dichter Pflanzung auch als Kontrastpflanze zur unmittelbaren Umgebung. Das Papageienblatt verträgt auch leichte Nachtfröste und kann damit beim

Herbstbeet noch als Umrandung auf dem Grab verbleiben.

Als dritte im Bunde ist die Buntnessel (*Coleus*-Blumei-Hybriden) zu erwähnen. Nur niedrig bleibende, 20 bis 30 cm hohe Sorten können gepflanzt werden, ohne daß die Wechselbepflanzung allzu sehr verdeckt wird. Die unterschiedlich rot-weiß-grün gefärbten Blätter können belebend wirken, sofern der Sommerflor eher mit ruhigen Farben vertreten ist (z.B. weiße Geranien, Verbenen oder Leberbalsam).

## Herbst und Winter auf dem Grab

Mit der verschwenderischen Blütenfülle des Sommers schwindet zum Herbst hin auch die Vielfalt des verfügbaren Pflan-

**Frisches Grün mit auffallend weißem Rand sind das besondere Kennzeichen dieser Geraniensorte.**

zensortimentes. Eriken in verschiedenen Arten, Chrysanthemen, Silberblatt und Alpenveilchen bilden das Hauptsortiment herbstlichen Grabschmucks.

## Erica gracilis
### Eriken

Traditionell gehört *Erica gracilis* zu Allerheiligen oder Allerseelen zu den meist gekauften Herbstpflanzen. Weit über 20 Millionen Stück zieren jährlich insbesondere in katholischen Gebieten das herbstliche Grab. Neben dem dominierenden Rot bietet der Markt auch rosa und weiße Eriken an. Die Blüte hält bei guter Ware bis zum Absterben der gesamten Pflanze.

In den letzten Jahren werden statt *E. gracilis* oder auch zusätzlich zu diesen zunehmend die winterharten *E. herbacea* und *Calluna vulgaris* auf das herbstliche Grab gepflanzt. Beide sind bereits bei den Bodendeckern beschrieben.

Bei Eriken ist es wichtig, zur Herbstpflanzung nach frühblühenden Sorten zu fragen, da viele erst ab Februar mit der Hauptblüte beginnen. Wird dann im folgenden Jahr das Wechselbeet mit Frühjahrs- oder Sommerblühern bestückt, lassen sich die Eriken in den heimischen Garten, Balkonkästen, Kübel oder ähnliches umpflanzen.

## Cyclamen persicum
### Alpenveilchen

Hier sind es vorwiegend die Sorten der sogenannten Minicyclamen, die von Mitte August bis zum Eintritt stärkerer Fröste das Grab verschönern können. Blätter, Blüten und der gesamte Pflanzenaufbau sind deutlich kleiner als die übliche Topfware für das Zimmer, dafür aber sind sie robuster gegenüber Witterungseinflüssen und unempfindlicher gegen Pilzkrankheiten. Ab Mitte/Ende August gepflanzt, halten sie bis Frosteintritt, wobei leichte Bodenfröste auch schon mal vertragen werden.

Bekannte Sortengruppen sind 'Kleine Dresdnerin' und 'Piccolo' sowie die besonders stabile und kompakte Sorte 'Shöneveld'. Angeboten werden die Pflanzen im 6- bis 10-cm-Topf, auf gute Durchwurzlung des Topfballens ist zu achten.

# Nadelgehölze zur Winterabdeckung

Sofern das Grab über Winter nicht mit Stiefmütterchen oder Winterheide bepflanzt ist, kann man die Fläche des Wechselbeetes offen lassen, mit Rindenmulch abdecken oder aber die elegantere Variante wählen und mit Nadelgehölzen verzieren. Mit der unterschiedlichen Struktur und Färbung der Nadeln lassen sich optisch interessante Variationen legen; je nachdem ob die Zweigstücke in Längs- oder Querrichtung liegen, die bei einigen Sorten silbrigweiße Nadelunterseite sichtbar wird oder blaunadelige Sorten Verwendung finden.

Häufig verwendet werden die Nordmann-Tanne (*Abies nordmanniana*), die Weißtanne (*Abies alba*), die Blautanne (*Abies procera* 'Glauca') und die Blaufichte (*Picea pungens* 'Glauca Kosteri'). Die Nordmann-Tanne zeichnet sich durch ihr dunkles, sattes Grün aus. Blautanne und Blaufichte überzeugen durch das Stahlblau der Benadelung und ihre hervorragende Haltbarkeit, beim Abräumen zu Ostern befindet sie sich meist noch in bester Verfassung.

Weitere haltbare Arten ergänzen das Sortiment auch um gelbliche Färbungen – so verschiedene Arten und Sorten der Scheinzypresse (*Chamaecyparis*) und des China-Wacholders (*Juniperus chinensis*). Für alle Koniferen gilt, daß vollsonnige Grabplätze die Haltbarkeit erheblich mindern.

**Oben:** Alpenveilchen (*Cyclamen persicum*) sind insbesondere in den Mini-Sorten äußerst robust und sollten wesentlich häufiger zur herbstlichen Wechselpflanzung Anwendung finden.

**Unten:** Diese sowohl optisch als auch handwerklich gelungene Winterabdeckung ist mit einem hellen Rand aus Island-Moos zur Bepflanzung hin abgegrenzt und beweist fachmännisches Können.

Vorläufige Anlagen
werden der Jahres-
zeit entsprechend
gestaltet.
Rechte Seite oben:
Im Frühjahr bieten
sich Stiefmütter-
chen an.
Rechte Seite unten:
Sommerliche
Anlage mit Eisbego-
nien, Echeverien
und aus Efeu.
Unten: Herbstliche
Kombination aus
gesteckten Zweigen
und Moos sowie
einer Bepflanzung
aus Eriken und
Cinerarien.

# Das Anlegen von Grabbepflanzungen

## Gestaltung einer vorläufigen Anlage

Nach einer Beerdigung ist das übliche Bild ein von Kränzen, Grablegern und Blumen mehr oder weniger hoch bedecktes Grab. Über den Verstorbenen informiert ein einfaches, hölzernes Kreuz. Werden einige Wochen danach die ver-

welkten Grabgaben abgeräumt, so ist es in der Regel nicht sinnvoll, bereits die geplante Daueranlage zu errichten. Vor allem weil in den ersten Wochen bis Monaten nach der Beerdigung mit erheblichen Bodensenkungen zu rechnen ist, wäre damit immer die Neupflanzung erheblicher Teile der verfrühten Daueranlage verbunden. Zum anderen ist meist auch das Grabmal zu diesem Zeitpunkt noch nicht erstellt.

Zur Vorbereitung der vorläufigen Anlage wird zunächst die überschüssige und zur Pflanzung nicht geeignete Erde entfernt. Danach wird die Fläche grob eingeebnet und mit Kompost oder Graberde zu einem etwa 10 cm hohen Hügel aufgefüllt.

Im Frühjahr/Sommer empfiehlt sich eine anschließende Bepflanzung mit preiswertem Sommerflor über die gesamte Fläche. Fällt die Beerdigung in die Herbst- oder Winterzeit, so ist eine Abdeckung mit Nadelgehölzen üblich. Bei größeren Wahlgräbern kann dabei ein Teil der Fläche offen bleiben, der dann mit Rindenmulch abgedeckt wird, auf dem eine bepflanzte Herbstschale Platz hat oder auch ein dauerhafter Kranz.

Diese vorläufige Anlage verbleibt mehrere Monate bis maximal ein halbes Jahr und wird dann von der Daueranlage abgelöst.

## Arbeitsablauf bei der Gestaltung einer Daueranlage

Sofern dies bei der vorläufigen Anlage nicht bereits erfolgte, wird zunächst der Boden mit geeigneter Erde verbessert;

bei groben, lehmig-tonigen Böden empfiehlt sich vorheriges Umgraben.

Anschließend wird ein organischer Vorratsdünger ausgestreut und mit einem Kreil oder mit einem Rechen eingearbeitet. Der gleiche Arbeitsgang dient dazu, den Boden zu begradigen: in der Fachsprache heißt dies, ein Feinplanum herstellen. Dabei soll die Fläche vom Grabmal zum Weg hin ein Gefälle von etwa 3 bis 4% aufweisen. Mit dem Rechenrücken kann man schließlich das Erdreich etwas andrücken, dadurch wird übermäßiges Nachsacken der gelockerten Erde verhindert.

Bei mehrstelligen Wahlgräbern werden nun Schrittplatten trittfest verlegt. Sie dienen nicht als Gestaltungselement, sondern haben allein funktionelle Bedeutung bei der Bepflanzung und späteren Pflege des Grabes und können eventuell als Standfläche für Grabschalen dienen. Das Verlegen erfolgt parallel zur Flucht der Grabkante. Schräg verlegte Platten werden in der Gesamtgestaltung als störend empfunden.

Die Pflanzarbeiten beginnen nun mit den Rahmenpflanzen. Nadelgehölze und ebenso die meisten Laubgehölze werden entweder mit festem Wurzelballen oder als Containerpflanze erworben. Vor der Pflanzung werden alle Gehölze probeweise aufgestellt, um den optimalen Standort festzulegen. Es gilt hierbei zu bedenken, daß auch nach einigen Jahren Zuwachs das Grabmal nicht verdeckt werden darf. Außerdem hat jede Pflanze ein »Gesicht«, eine schöne Seite, die selbstverständlich nach vorne zu drehen ist.

Nach der Markierung der Standorte hebt man die Pflanzlöcher aus; sofern möglich, immer 1,5mal größer als der Wurzelballen. Vor dem Einsetzen der Pflanzen ist zu kontrollieren, ob die Ballen ausgetrocknet sind. Ist dies der Fall, ist zum Beispiel durch mehrminütiges Eintauchen in die Bewässerungstonnen durchdringend zu wässern. Das Ballentuch muß vor dem Verfüllen der Pflanzerde zumindest aufgeknotet und zurück-

**Pflanzlöcher etwa 1,5mal so groß wie der Wurzelballen ausheben; bei Rhododendron und Pflanzen mit ähnlichen Ansprüchen Torf beigeben.**

**Pflanzen mit Topfballen – z.B. Wechselbepflanzung oder Stauden – so tief in den Boden pflanzen, wie sie zuvor im Topf gestanden haben. Zu tiefes Pflanzen (Mitte) führt zu Fäulnis, zu hohes Pflanzen (unten) führt zum Austrocknen des Wurzelballens.**

geschlagen werden. Läßt sich feststellen, daß der Ballen sehr gut zusammenhält, kann man das Ballentuch auch gänzlich entfernen. So manche Pflanze kümmert jahrelang oder geht sogar ein, weil feste Knoten um den Stammansatz ein freies Wachstum nicht zulassen.

Für Moorbeetpflanzen wird der Pflanzerde feuchter (!) Torf beigemischt. Das Erdreich um die Pflanzen kann leicht angetreten werden, ein kleiner Wall zur übrigen Fläche hin erleichtert als Gießrand erste Pflegemaßnahmen.

Vor der Pflanzung der Bodendecker ist die Fläche für die Wechselbepflanzung zu markieren. Soll dies eine Kreisform

sein, hilft eine Schnur mit eingebundenem Stöckchen zur Einhaltung der runden Form. Um ein natürliches Wuchsbild zu fördern, sind die Bodendecker keinesfalls in Reihen zu pflanzen, sondern zum Beispiel im Dreiecksverband.

Sodann wird mit dem Einpflanzen der Bodendecker vom Grabmal zum Weg hin begonnen. Um punktförmige Bodenverdichtungen durch ein Betreten der Pflanzfläche zu vermeiden, empfiehlt es sich, ein Brett quer über das Grab zu legen, von dem aus gepflanzt werden kann. Bei kleineren Grabflächen wird man allerdings von den Rändern und den Schrittplatten aus alle Stellen erreichen können.

Bodendecker sind tief zu pflanzen, da die lockere Graberde immer noch etwas nachsackt. Dies führt später nicht nur zu optischen Nachteilen, sondern auch zum Austrocknen der Pflanzen. Topfballen beziehungsweise Wurzeln dürfen nach dem Pflanzen nicht sichtbar sein.

Da das Erdniveau am Grabrand üblicherweise etwas höher liegt als der Zwischenweg, trocknen bündig mit dem Rand gesetzte Pflanzen besonders stark und schnell aus. Die Randpflanzen sollten deshalb schräg vom Rand weg gepflanzt werden.

Beim Pflanzen wird von Hand nicht nur jeder Bodendecker einzeln angedrückt, sondern durch flächiges Andrücken läßt sich eine Art »Schlußplanum« herstellen. Auch hier ist neben der Optik als Effekt die Verringerung späteren Nachsackens zu erwähnen.

Will man für den Betrachter sehr schnell die Wirkung einer geschlossenen Pflanzendecke erzielen, ist es ratsam, die Pflanzdichte zum Grabende hin etwas zu erhöhen. Hier schaut man von oben auf die Pflanzung herab und Lücken werden im Sinne des Wortes offensichtlicher, als dies beim Blick zum Grabmal hin der Fall ist.

Das Pflanzbeet für die Wechselbepflanzung wird gerne als kleiner Hügel angelegt. Dadurch treten die Pflanzen zwar optisch besser hervor, in heißen

Sommern besteht aber eine deutlich erhöhte Gefahr des Austrocknens. Im Gegensatz zu den Bodendeckern ist der Sommerflor nicht zu dicht zu pflanzen, um bei Zuwachs ein unschönes Hochschieben, ein »Vergeilen« der Pflanzen, zu vermeiden.

Zum Abschluß wird mit dem Spaten eine saubere Kante gestochen und die Arbeitsstätte gesäubert. Als letzter Arbeitsgang wird die gesamte Pflanzfläche gründlich gegossen.

Schlechter Boden wird ausgehoben und durch Graberde ersetzt oder mit Humus (Rindenmulch, Torf) verbessert. Danach wird die Fläche glatt abgeharkt mit leichtem Gefälle zum Weg hin. Schrittplatten können verlegt werden und die Rahmenpflanzen werden als erste gepflanzt. Das Beet für die Wechselbepflanzung folgt oder auch eine zweite Pflanzgruppe wie auf diesem Wahlgrab. Die Pflanzung der Bodendecker bildete in diesem Falle die abschließende Arbeit.

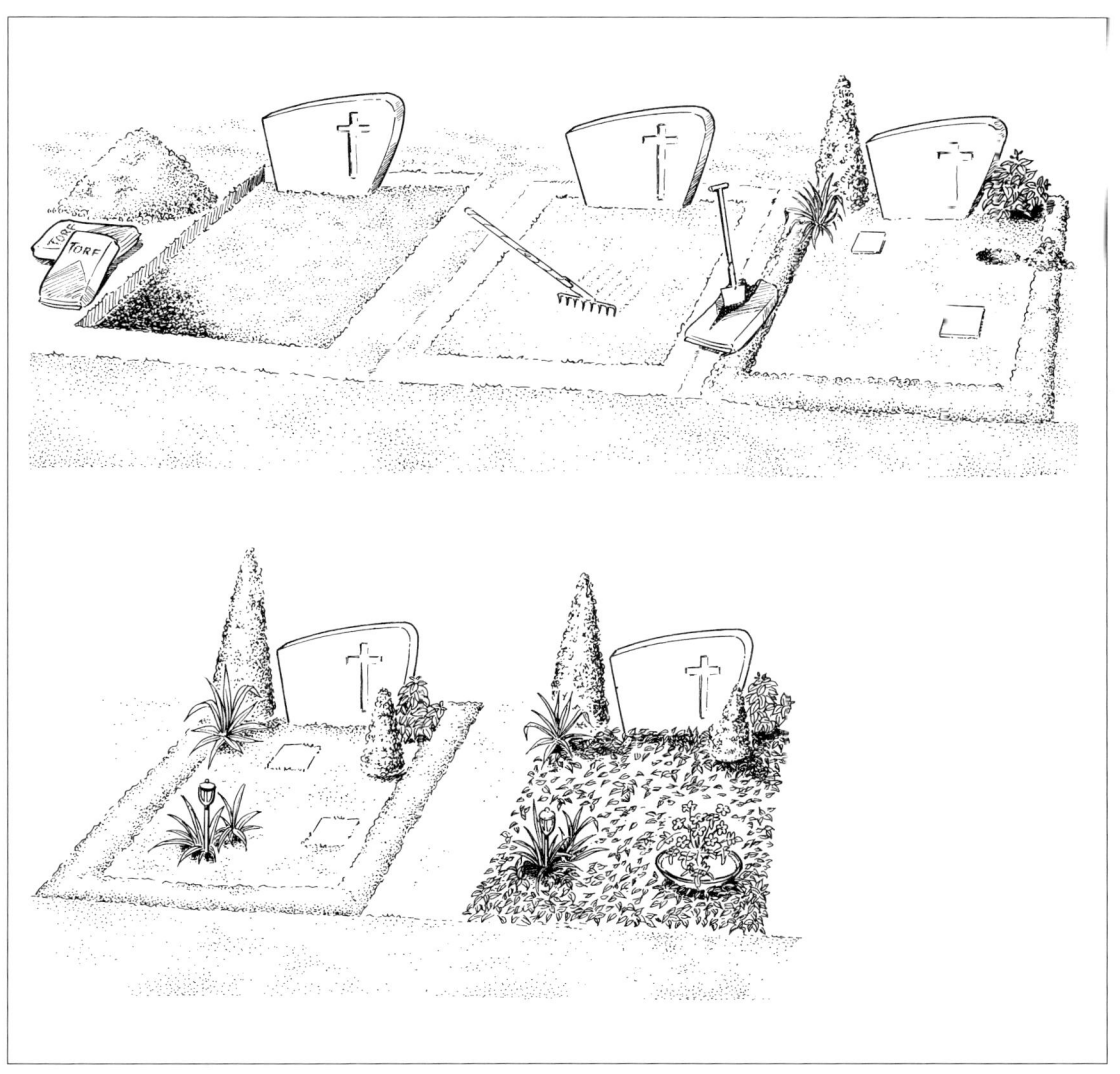

# Pflegearbeiten am Grab

## Pflanzeneignung

Der wichtigste Grundsatz zur Verminderung der Pflegearbeiten ist die Auswahl des geeigneten Pflanzenmaterials! Dies bedeutet, daß die verwendeten Pflanzen für den jeweiligen, individuellen Standort passen sollen. Dabei ist eine Reihe wichtiger Faktoren zu berücksichtigen.

## Klima

Niederschläge, Sturm, Tageslänge, Frostdauer und als wesentlichstes Merkmal die Jahrestemperaturen machen das Gesamtklima eines großräumigen Standortes aus. Am speziellen Standort »Grab« kommen kleinklimatische Faktoren hinzu: Pflanzenbewuchs, Nähe von Gewässern oder Bebauung, Lage am Hang oder in Mulden etc.

Was in klimatisch begünstigten Gebieten, wie dem Rheingau oder der Pfalz, unbedenklich zu empfehlen ist, kann im Westerwald oder im Osten Deutschlands vollkommen ungeeignet sein. Stechpalmen, Kirschlorbeer, Sommerheide und einzelne Efeusorten gehören zum Sortiment empfindlicherer Pflanzen, deren Verwendung standortbezogen genau zu prüfen ist.

## Boden- und Lichtansprüche

Zum Glück für so manchen Gärtner tolerieren viele Pflanzen nahezu jeden durchschnittlichen Boden sowie eine breite Palette des Lichtangebotes von Sonne bis Halbschatten oder gar Schatten. Trotzdem soll man versuchen, die Verhältnisse zu optimieren, zumal einige Arten es mit den Ansprüchen schon ge-

nauer nehmen. So wollen Rhododendron, Azaleen, *Pieris* und andere unbedingt sauren Boden zum problemlosen Gedeihen. Auch die meisten Nadelgehölze sowie Farne sind als eher kalkfeindlich einzustufen. Rosen hingegen bevorzugen kalkhaltige Böden und Torf zur Pflanzung oder als jährliche Bodenzugabe sind ihnen keineswegs förderlich.

*Pachysandra* in praller Sonnenlage wird kränkeln, Fuchsien dürften am gleichen Standort den Sommer kaum überleben. Umgekehrt werden Geranien im tiefen Schatten das Blühen weitgehend vergessen und bei feuchter Witterung unter Pilzbefall leiden, Eriken wird ebenfalls das Blühen vergehen und auf Dauer das Lebenslicht gänzlich erlöschen.

## Wüchsigkeit

Gräber sind sehr eng begrenzte Pflanzflächen, groß- und starkwüchsige Gehölze sind hier von Anfang an fehl am Platze. Gärtnerische Züchtung hat in vielen Bereichen Sorten auf den Markt gebracht, die in ihrem Wuchsverhalten kleinen

Flächen angepaßt sind. Hinweise auf solche Sorten finden sich bei den Pflanzenbeschreibungen, sind aber auch im Fachhandel zu erhalten.

Schnellwüchsige Nadelgehölze als Rahmenpflanzen verdecken entweder in kürzester Zeit den Stein oder man muß ständig an ihnen »rumschneiden«, was sie bald unansehnlich werden läßt.

Scheinzypressen sind typische Vertreter einer Gattung, innerhalb der es Arten und Sorten von hohem, schnellen Wuchs – etwa *Chamaecyparis lawsoniana* 'Stewartii' – ebenso gibt wie langsamwüchsige, grabtaugliche Pflanzen – so zum Beispiel *C. lawsoniana* 'Minima Glauca' und *C. obtusa* 'Nana Gracilis'.

Bei der Wechselbepflanzung ist zu beachten, daß die anfangs erwünschte enge Pflanzung mit der Zeit zu verstärktem Höhenwachstum führt. Alle Sommerblumen aber, die etwa ab September deutlich höher als 30 cm geworden ist, stören das Gesamtbild einer Anlage. Außerdem legen sich die Randpflanzen zum Teil auf die Bodendecker und führen dadurch zu Ausfällen. Deshalb ist auch hier sorgfältige Sortenwahl entscheidend. Fleißige

**Entsprechende Schnittmaßnahmen führten zu dieser halbrunden »Grableuchten-Hecke« mit der goldenen Strauch-Eibe (*Taxus baccata* 'Semperaurea').**

**Selbst wenn sie inzwischen teilweise durch Sommerheide (*Calluna vulgaris*) ersetzt werden: Herbst-Eriken (*Erica gracilis*) gehören zur herbstlichen Stimmung auf den Friedhöfen. Sie bilden eine ideale Ergänzung zum faszinierenden Farbenspiel des Herbstlaubes.**

Lieschen, Begonien und Geranien können zum Beispiel bei falscher Sortenwahl zu erhöhtem Pflegeaufwand und unschöner Verzerrung der Gestaltungsidee führen.

Schließlich kann auch der falsche Bodendecker zu erheblich höherem Pflegeaufwand führen. Die Zwergmispel (*Cotoneaster dammeri*) wird neben Efeu wohl am häufigsten verwendet. Die einfache Art und einige Sorten bedingen bis zu fünf Schnitte pro Jahr, während Sorten wie 'Streibs Findling', 'Jürgl' oder 'Frieders Evergreen' diese aufwendige Arbeit auf ein bis drei Schnitte reduzieren.

## Sonstige Faktoren

Pflanzenschutzmaßnahmen ist ebenfalls so weit als möglich durch entsprechende Pflanzenwahl vorzubeugen. Zuckerhutfichten sind bekannt für ihre Anfälligkeit gegenüber der Roten Spinne und Efeu wird an prallen Sonnenstandorten gerne vom gleichen Schädling befallen. Fuchsien, zum Beispiel mit der Sorte 'Beacon', werden bei engem Stand an feuchten Standorten mit Grauschimmel zu kämpfen haben. Blaufichten leiden häufig unter der Sitka-Fichtenlaus und sind dann nicht mehr auf dem Grab zu erhalten. Insbesondere ältere Rosensorten sind oft sehr anfällig für Echten und Falschen Mehltau, während zahlreiche neuere Sorten mehr oder weniger resistent sind. Buchsbaum, allgemein zu recht als robust und unempfindlich bekannt, leidet auf trockenen Böden fast immer unter Ungeziefer. Die Fülle des Sortimentes läßt auf die genannten Problemkinder bzw. gute Pflanzen am falschen Standort gerne verzichten!

Einige Sommerblumen – Pantoffelblumen (Calceolarien), Heliotrop und samenvermehrte Geranien zählen dazu – müssen nach dem ersten Flor gründlich ausgeputzt werden, um eine ansehnliche und reichliche zweite Blüte zu entwickeln. Weitgehend selbstreinigende Pflanzen wie Impatiens ersparen diesen Arbeitsgang.

## Allgemeine Arbeiten im Jahresverlauf

Im Verlaufe des Winters kann Schneebruch bei immergrünen Gehölzen wie Rhododendron zu Schäden führen. Eine gelegentliche Kontrolle und eventuelles Entfernen zu hoher Schneelasten ist zu empfehlen. Für die Bodendecker bedeutet eine geschlossene Schneedecke hingegen sicheren Frostschutz. Wo der Winter üblicherweise wenig Schnee, aber klare frostige Nächte und sonnige Tage beschert, übernehmen Abdeckungen mit Fichtenreisig die Rolle der Schneedecke. Solche Winterabdeckungen sind je nach Region ab Ende Februar bis Mitte März zu entfernen, da sich sonst unter ihnen infolge der stehenden Feuchtigkeit bei zunehmender Wärme leicht Pilzkrankheiten ausbreiten. Sobald der Boden dann offen und frostfrei ist, sind eventuelle Ausfälle der Dauerbepflanzung zu ergänzen.

## Senkungen des Erdreichs

Beim Auftauen des Bodens im Nachwinter, aber auch im Jahresverlauf besonders nach starken Regenfällen, können Senkungen von Teilen des Erdreiches einer Grabstelle auftreten. Kleinere Schäden sind mit gutem Boden sofort aufzufüllen. Müssen allerdings Gehölze aufgenommen werden, ist auf geeignete Witterung zu warten. Bedeckte, nicht zu heiße Tage sind hierzu auszuwählen. Die Wurzeln werden bei größeren Pflanzen mit einem Spaten so umstochen, daß ein Erdballen um sie herum erhalten bleibt. Nach vorsichtigem Anheben wird Erde aufgefüllt, die Pflanzen wieder neu eingesetzt und sofort kräftig angegossen. Bodendecker sind ebenfalls mit einem Spaten so tief zu unterstechen und anzuheben, daß genügend Wurzeln erhalten bleiben, um ein Weiterwachsen sicher zu stellen. Bei starken Senkungen wird man allerdings die Bodendecker im Herbst entfernen, Erde auffüllen und im folgenden Frühjahr neu pflanzen müssen.

## Wildkrautbekämpfung

Von Frühjahr bis Herbst und in milden Gegenden sogar in manchen Wintermonaten wachsen unerwünschte Wildkräuter auf der Grabfläche. Dicht schließende Bodendecker verringern den Aufwuchs erheblich. Was an Samen- und Wurzelunkräutern dennoch durch kommt, ist von Hand zu jäten. Kleine, ein- bis dreizinkige Jätemesser und Lockerungsgeräte sowie kräftige Handspaten erleichtern diese Arbeit.

Samenunkräuter wie Kreuzkraut, Vogelmiere und das einjährige Rispengras sind leicht auszuziehen. Wurzelunkräuter wie der Giersch, die Quecke und Winden müssen allerdings bis auf die letzten Wurzel- bzw. Rhizomreste aus dem Boden gegraben werden, da sich sonst auch kleinste Teilstücke wieder zu neuen Pflanzen regenerieren.

Chemische Wildkrautbekämpfung mit Herbiziden gehört auf jeden Fall nicht auf den Friedhof! Wer alle 4 bis 6 Wochen einmal am Grab nach dem rechten schaut, wird den Wildwuchs jederzeit im Griff halten.

## Das Gießen

Das Gießen ist in erster Linie zur Erhaltung der Wechselbepflanzung notwendig. Bei sehr trockener Witterung ist mindestens einmal pro Woche durchdringend zu wässern.

Die verabreichte Wassermenge muß mindestens so groß sein, daß genügend Wasser bis in den Wurzelbereich eindringen kann. Etwa 10 bis 20 l/m$^2$ sind je nach Pflanzenart angemessen. Oberflächliches Benetzen hilft den Pflanzen dagegen kaum, da das meiste Wasser vor dem Eindringen in den Boden bereits wieder verdunstet. Wassergaben am späten Nachmittag oder am frühen Abend sind günstiger als mitten am Tag, weil dann weniger Wasser verdunstet und die Pflanzen keinen Schock durch das Begießen mit kaltem Wasser in der Mittagshitze erleiden.

Leichte, sandige Böden sind kaum in der Lage, Wasser zu speichern. Hier ist in Dürreperioden gegebenenfalls täglich zu wässern; langfristig sollte man deshalb solche Böden immer, zum Beispiel durch Humusgaben, verbessern.

Wichtig ist regelmäßiges Wässern auch nach Neupflanzungen. Den Wurzeln fehlt in der ersten Zeit nach der Pflanzung der richtige Kontakt zum umgebenden Boden. Bis zum endgültigen Einwurzeln ist daher die zusätzliche Versorgung lebensnotwendig.

Immergrüne Pflanzen verdunsten bei sonnigem Winterwetter Feuchtigkeit nach außen, ohne das die Wurzeln aus dem ganz oder teilweise gefrorenen Boden hinreichend Nachschub liefern können. Deshalb sind Nadelgehölze, Rhododendron und andere im Spätherbst vor Wintereintritt noch einmal durchdringend zu wässern. Viele Immergrüne vertrocknen im Winter eher, als das sie erfrieren! Der Gärtner spricht in diesem Falle von »Frosttrocknis«.

## Vorbereitungen für den Winter

Nach dem Laubfall im Herbst müssen in erster Linie die Bodendecker frei gemacht werden. Dicht liegendes Laub würde gleich einer zu lange aufliegenden Winterabdeckung zu Fäulnisvorgängen und Ausfällen führen.

Ebenfalls im Spätherbst sind solche Pflanzen vom Grab aufzunehmen, die im Haus überwintert werden sollen. Hauptsächlich kommen hier Echeverien in Frage, hier und da werden es aber auch kleinwüchsige Dahliensorten oder Knollenbegonien sein. Die beiden letztgenannten sind relativ unproblematisch zu überwintern: alle oberirdischen Teile werden entfernt, anhaftende Erde vorsichtig abgeklopft. Danach erfolgt die Einlagerung in mit Sand gefüllte Kisten und die trocken-kühle (4 bis 6 °C. sind optimal) Aufbewahrung. Echeverien hingegen müssen je nach Größe in 8- bis 10-cm-Töpfe getopft und nicht nur kühl sondern auch hell aufgestellt werden.

Die Überwinterung erfolgt zwar trocken, aber der Topfballen soll niemals gänzlich austrocknen. Vergilbende oder faulende Blätter sind regelmäßig auszuputzen, auf Krankheits- und Schädlingsbefall ist zu kontrollieren. Der Arbeits- und Platzaufwand läßt überlegen, ob jährlicher Neukauf preiswerter Pflanzen nicht die bessere Alternative ist.

## Pflege des Grabsteins

Letztendlich gehört die Grabmalpflege zu den hin und wieder zu erledigenden Arbeiten. Vermoosung und Verunreinigungen, insbesondere von vertieft liegenden Beschriftungen, sind mit Schwamm, Bürste und klarem Wasser zu Leibe zu rücken. Aggressive Haushaltsreiniger können vor allem Weichgesteine wie Muschelkalk, Sandstein und Travertin schädigen. Die im Handel angebotenen Imprägnierungsmittel für eben diese Weichgesteine mildern die durch sauren Regen, Abgase und andere Umwelteinflüsse verschärfte Steinverwitterung, ohne sie aber gänzlich unterbinden zu können.

## Abfallentsorgung

Seit einigen Jahren bemühen sich Kommunen und professionelle Friedhofsgärtner, Kunststoffe und andere unverrottbare Materialien von den Friedhöfen fern zu halten. Die Zuliefererindustrie bietet den Gärtnern und Floristen Kranzunterlagen, Grabstraußhalter, Wickelkrepp und weiteres Zubehör aus recyclingfähigem Material an. Davon wird inzwischen in der überwiegenden Mehrzahl aller Fälle Gebrauch gemacht. Der Kunde als Endverbraucher sollte bei Kauf nachfragen, ob umweltfreundliche Materialien verwendet wurden und im Zweifelsfalle das Geschäft oder den Betrieb wechseln. Dies gilt vor allen Dingen, wenn zu den November-Gedenktagen Herzen, Kreuze oder dergleichen immer noch auf Styropor-Unterlagen verarbeitet werden.

Inzwischen sind für Stiefmütterchen, Vergißmeinnicht und weitere Einjahrespflanzen sogar Papiertöpfe aus Recyclingpapier auf dem Markt. Wegen ihrer noch nicht ganz unproblematischen Anwendung beim Gärtner sind sie nicht flächendeckend verbreitet. Wo man sie vorfindet, können lobend positive Äußerungen beim Kauf sicherlich den Trend befördern. Beim Pflanzen werden sie mit in den Boden gesetzt und verrotten hier mit der Zeit, ohne die Wurzeln in ihrem Wachstum zu behindern.

Im übrigen sind für verbleibende Kunststoffe – man denke hier insbesondere an die roten Grablichter und an Kunststofftöpfe – unbedingt die getrennten Sammelbehälter zu verwenden. Recyclingfähiges Material wird in eigenen Boxen entsorgt; die Kommunen verarbeiten diese Abfälle zu wertvollem Kompost!

## Bodenbearbeitung und Bodenverbesserung

Es wurde bereits darauf hingewiesen, daß die meisten Pflanzen sich mit einer bemerkenswerten Bandbreite der unterschiedlichsten Bodenqualitäten zufrieden geben. Die Verbesserung nicht optimaler Böden ist trotzdem immer eine sinnvolle Maßnahme. Außerdem gibt es einige Pflanzenarten, die es sehr wohl genauer mit der Eignung des jeweiligen Bodens nehmen. Zu den bodenverbessernden Maßnahmen zählen die Erhöhung des Luftgehaltes und die Erhöhung der Fähigkeit, Wasser und Nährstoffe zu speichern bei gleichzeitiger Vermeidung stauender Nässe.

### Humus als Bodenverbesserer

Luft mit dem darin enthaltenen Sauerstoff ist ein notwendiges Lebenselexier auch für die Pflanzenwurzeln. Bei offenen Böden wird durch Bodenlockerung Luftzufuhr begünstigt. Werden die Flächen aber dauerhaft begrünt, so müssen ebenso dauerhafte Lockerungsmaßnahmen vor der Pflanzung erfolgen. Erreicht wird dies mit der Beigabe von Humus zum gewachsenen Boden. Da bei Gräbern nicht selten der lehmig-tonige, biologisch »tote« Boden des Aushubs nach oben gelangt, wird dies besonders sinnvoll. In krassen Fällen ist es sogar ratsam, einen Teil, etwa die obersten 20 cm, eines solchen Untergrundes abzutragen und gegen gute Erde auszutauschen. Ist dies nicht nötig, wird Humus oder eine humushaltige Erde in einer Stärke von 5 bis 10 cm aufgetragen und anschließend mit dem gewachsenen Boden vermischt. Das Einmischen kann durch flaches Graben mit dem Spaten erfolgen oder, sofern kein Spaten vorhanden ist, mit einem Handkreil oder bei kleineren Flächen auch einem Handschäufelchen.

Humushaltige Erde ist im Fachhandel abgepackt in Plastiksäcken unter verschiedenen Handelsnamen zu kaufen. Gleich gute Dienste erfüllt aber auch Kompost aus dem heimischen Garten, wenn er auch mehr Wildkrautsamen enthält als zugekaufte Erden.

Da unter dem Begriff »Humus« allgemein die Verrottungsprodukte von Pflanzen verstanden werden, zählen natürlich auch Rinden- und Torfprodukte zu dieser Kategorie. Gröberer Rindenmulch übt über Jahre im Boden lockernde Funktion aus. In den durch ihn geschaffenen großen Bodenporen erfolgt der pflanzenförderliche Luftaustausch. Die Anreicherung des Bodens mit Humus dient gleichzeitig der Erhöhung der Haltekraft für Wasser und Nährstoffe. Insbesondere leichte, sandige Böden trocknen sehr schnell aus. Regen- und Gießwasser versickert rasch in den Untergrund und schwemmt dabei nicht selten auch überschüssige Nährstoffe mit nach unten.

Insgesamt ist die Humusanreicherung mithin immer eine richtige Maßnahme: in schweren, lehmig-tonigen Böden fördert er die Lockerung und damit die Durchlüftung; in leichten, sandigen Böden wird die Haltekraft für Wasser und Nährstoffe erhöht.

## Mulchen

Mit dem in der Struktur feineren Rinden-humus kann man zudem den Boden in etwa 10 cm Stärke abdecken. Diese Maß-nahme wird als »Mulchen« bezeichnet. Mulchen unterdrückt das Aufkeimen von Wildkräutern, fördert eine gleichmäßi-gere Bodenfeuchtigkeit und -temperatur, setzt bei der Verrottung Nährstoffe frei und gibt so ganz nebenbei durch die gleichmäßige, dunkle Färbung auch noch ein optisch gutes Bild ab. Besonders bei flachwurzelnden Gehözen wie Rhodo-dendron ist Mulchen gegenüber der me-chanischen Bodenlockerung die mit Ab-stand bessere Methode.

Ähnliche Wirkungen werden auch durch Torfprodukte erzielt. Allerdings ist Torf zumindest bei uns in Deutschland ein knapper Rohstoff, zu dessen Gewin-nung Moore trocken gelegt werden müs-sen. Insofern ist bis auf Ausnahmen das »Abfallprodukt« Rinde vorzuziehen.

## Böden für Moorbeetpflanzen

Speziellere Ansprüche an den Boden stellen Pflanzen, die einen niedrigen pH-Wert bevorzugen. pH steht für »pon-dus Hydrogenii«, das bedeutet »Gewicht des Wasserstoffs« und meint den Säure-oder Kalkgehalt eines Bodens. Während nun die meisten Pflanzen sich bei pH-Werten von 6 bis 7 wohl fühlen, ver-langen einige pH-Werte von 4 bis 6. Dazu zählen Rhododendron, Azaleen, Eriken, *Pieris*, Skimmien, Scheinbeeren (*Gaul-theria*) und der Teppich-Hartriegel (*Cor-nus canadensis*).

Die meisten von ihnen sind unter der Bezeichnung »Moorbeetpflanzen« zu-sammengefaßt, weil ihr natürlicher Standort moorige, saure Böden sind. Gelblich verfärbte Blätter sind ein häufig zu beobachtendes Sympton an vielen Rhododendron. Ursache ist Eisenmangel, weil Eisen bei zu hohem pH-Wert im Boden festgelegt wird und nicht für die Pflanzen verfügbar ist. Hier ist Torf der richtige Bodenverbesserer. Torf hat einen sehr niedrigen pH-Wert und seine Beimi-schung senkt den Säuregrad der gesam-ten Pflanzfläche auf den optimalen Wert. Selbstverständlich ist Kalkdünger danach in diesem Bereich tabu, da er genau ent-gegengesetzt wirkt.

## Düngung

Grundsätzlich ist bei der Düngung zwi-schen der dauerhaften Pflanzung – Rah-menpflanzen und Bodendecker – sowie der Wechselbepflanzung zu unterschei-den. Erstere sollen durch Düngung in ihrer Gesundheit unterstützt und in ty-pischer Laubausfärbung oder ähnlichen Merkmalen gefördert werden. Erreicht wird dies durch ausgesprochen zurück-haltende Düngung mit langanhaltenden Düngerarten. Im Gegensatz zum Garten ist maximales Wachstum nicht gefragt, da ein solches Wachstum lediglich zu vermehrtem Pflegeaufwand führt.

Geeignet sind organische Dünger oder mineralische Langzeitdünger. Ein be-kannter organischer, im Handel überall erhältlicher Dünger ist »Guano«, orga-nisch mit mineralischen Zusätzen ist »Oscorna Animalin«. Beide enthalten die wichtigsten Pflanzennährstoffe: Stick-stoff, Phosphor und Kalium. Sie eignen sich damit zur Grundversorgung von Pflanzungen sowohl bei der Erstanlage als auch zur jährlichen Düngung im Frühjahr. Etwa 50 g/m$^2$ sind ausrei-chend. »Hornspäne« enthalten dagegen nur Stickstoff, sie können zusätzlich ein-mal pro Jahr den Bodendeckern zur Er-zielung dichten, gleichmäßigen Wachs-tums verabreicht werden.

Bei mineralischen Langzeitdüngern werden die Nährstoffe langsam über ei-nen Zeitraum von mehreren Monaten freigesetzt. Dadurch können die Pflan-zenwurzeln das meiste aufnehmen und es werden weniger Salze als bei rasch wirkenden Mineraldüngern ins Grund-wasser ausgeschwemmt. Geeignete Han-delsprodukte sind unter anderem »Osmo-cote«, »Plantosan« und »Triabon«. Soweit dies möglich ist, sind die Dünger nach dem Ausstreuen leicht in den Boden einzuarbeiten.

Rasch wirkende Mineraldünger wie das bekannte »Blaukorn« (= »Nitrophoska blau«) sind allenfalls in Ausnahmefällen, etwa zur schnellen Hilfe bei lückenhaft wachsenden Bodendeckern, einzusetzen.

Zu viel Stickstoff schadet durch mastiges Wachstum der Winterhärte etwas empfindlicher Pflanzen wie Stechpalme und *Pieris*; Stickstoff zu spät im Jahr gegeben, kann zu einem frostgefährdeten, späten Durchtrieb führen. Weniger ist hier mehr, gezielter, durchdachter Einsatz fördert die Pflanzen und schont sowohl die Umwelt als auch den Geldbeutel!

Die Sommerpflanzung auf dem Wechselbeet soll hingegen in den paar Monaten ihres Bestehens durch optimale Versorgung zur Dauerblüte angeregt werden. Zunächst dient diesem Ziel eine Grunddüngung des Beetes vor der Bepflanzung. Einer der oben genannten organischen Volldünger oder ein Langzeitdünger sind hierzu in die Erde einzumischen. Danach kann man je nach Pflanzenart alle 2 bis 4 Wochen dem Gießwasser einen handelsüblichen Flüssigdünger in der vorgegebenen Konzentration beimischen. Vorzugsweise sind Dünger mit einem im Verhältnis zum Stickstoff relativ hohen Phosphor- und Kalianteil auszusuchen. An trüben, nicht zu sonnigen Tagen kann unbedenklich über die Pflanzen gegossen werden, ohne daß dies zu Blattverbrennungen führt. Leiden die Pflanzen an Wassermangel ist vorheriges Wässern ohne Dünger sinnvoll. Die Flüssigdüngung kann dann ein paar Stunden später nach sichtbarer Erholung der Pflanzen oder am nächsten Tag erfolgen.

## Pflanzenschutz

Sofern die Hinweise zur richtigen Pflanzenwahl Beachtung finden, sollten Pflan-

zenschutzmaßnahmen auf der Grabstelle nicht notwendig sein. Tritt bei der Wechselbepflanzung ausnahmsweise ein sehr starker Schädlingsbefall auf, sind nach Beratung durch den Fachhandel und Beachtung aller geltenden Vorschriften Mittel mit geringer Giftigkeit, kurzer Wirkungsdauer und Bienenungefährlichkeit einzusetzen.

Finden sich – was durchaus schon einmal der Fall sein wird – an Kiefern Wolläuse oder am frischen Austrieb diverser Laubgehölze Blattläuse, so ist dem durch richtige Ernährung der Pflanzen und Vertrauen auf die Hilfe der Nützlinge in der Natur gelassen entgegenzuwirken. Bei dauerhaften, das Wachstum und Erscheinungsbild ernstlich beeinflussenden Schädigungen durch tierische oder pflanzliche Erreger ist der Austausch der erkrankten Pflanzen gegen andere Pflanzenarten die sinnvollste Gegenmaßnahme.

Die Bekämpfung von Wildkräutern mit den sogenannten Herbiziden wird zu Recht zunehmend bereits von Amts wegen in den Friedhofssatzungen verboten. Weiter gefaßt sind sogar die gesetzlichen Grundlagen einiger Bundesländer. So besteht in Baden-Württemberg gemäß dem Gesetz über die Einschränkung der Anwendung von Pflanzenschutzmitteln ein generelles Anwendungsverbot auf Friedhöfen. De facto gilt ähnliches für Rheinland-Pfalz und das Saarland; Zuwiderhandlungen werden in Rheinland-Pfalz mit Geldbußen bis zu 10.000 DM, im Saarland bis zu 20.000 DM geahndet. Herbizidverbot gilt auch für Berlin; während in Hessen das Ausbringungsverbot für Pflanzenschutzmittel per Gesetz zwar auf »nicht bewirtschaftete Flächen und Wegränder« bezogen ist, in der Praxis aber auf sämtliche Friedhofsflächen zu übertragen ist.

## Schnittmaßnahmen

Oberstes Prinzip sollte es sein, durch die Auswahl von auf die Größe der Grab-

stätte angepassten und nicht zu stark-
wüchsigen Pflanzen, die Notwendigkeit
zum Pflanzenschnitt auf ein Minimum
zu reduzieren. Trotzdem gehört regelmäßiger Schnitt verschiedenster Pflanzen
zur immer wiederkehrenden Pflege auf
dem Grab.

## Schnitt der Solitärgehölze und Rahmenpflanzen

Grundsätzlich sind der Winterschnitt außerhalb der Wachstumszeit und der Som-
merschnitt während der Wachstumszeit
zu unterscheiden. Die beste Zeit für den
Winterschnitt ist zum Ende des Winters,
wenn keine stärkeren Fröste mehr zu
erwarten sind. In Frage kommen laubabwerfende Gehölze wie Ahorn und Rosen
sowie immergrüne Laubgehölze wie der
Kirschlorbeer. Bei den laubabwerfenden
sind jetzt Frostschäden auszuschneiden
und eventuell Triebe auszulichten. Rosen
nimmt man im Herbst nur das oberste
Drittel weg, um ein »ordentliches Bild«
zu erhalten. Nach den Winterfrösten
wird je nach Wüchsigkeit der Sorten auf
vier bis acht Augen zurückgeschnitten.
Nach innen wachsende und schwache
Triebe sind gänzlich zu entfernen.

Immergrünen Gehölzen sind nur
Triebe zu entnehmen, die über das Grab
hinauswachsen oder zum Beispiel den
Stein verdecken. Das typische Wuchsbild
der Pflanze – ihr »Habitus« – ist dabei
jedoch unbedingt zu erhalten. Ist dies
nicht mehr möglich, weil doch einmal
eine zu stark wachsende Art oder Sorte
Verwendung fand, ist Ende des Winters
auch die richtige Zeit zum Roden und zur
Neupflanzung. Bei zu stark gewordenen
Rhododendron ist allerdings ein radikaler
Rückschnitt möglich. Sie treiben sogar
aus vier- bis fünfjährigem Holz willig
wieder durch. Nach dem Rückschnitt ist
zur Unterstützung des Neuaustriebs verstärkt zu wässern, verbunden mit einer
organischen Düngung und Mulchen des
flachen Wurzelballens. Infolge des recht
spröden Altholzes kann ein solcher
Rückschnitt bei Rhododendron auch

nach Schneebruch in schneereichen
Wintern vonnöten sein.

Unter den Nadelgehölze ist es allein
die Eibe, die selbst nach radikalstem
Schnitt wieder austreibt. Wegen ihres
langsamen Wuchses bedarf es aber etliche Jahre bis zum optisch überzeugen-
den Neuaufbau, so daß auch hier ein
zurückhaltender Schnitt angemessen
bleibt.

Bei pyramidal wachsenden Nadelgehölzen führt mehrmaliges »Entlangstrei-
chen« mit einem scharfen Gartenmesser
wie bei den Hecken zu dichterem Wuchs.
Spitzentriebe und aufstrebende Seiten-
triebe von Lebensbäumen, Scheinzypressen und Eiben lassen sich »weich ent-
spitzen«. Dadurch bleiben die Pflanzen
gedrungener und kleiner, ohne jedoch
ihren natürlichen Habitus zu verlieren.

Die Säulenformen der oben genannten
Nadelgehölze haben die Eigenschaft,
sich oft aus zwei oder gar mehreren
gleichberechtigten Trieben aufzubauen.
Unter Schneelast brechen solche Mehr-
fachtrieber dann nicht selten auseinan-
der. Es ist daher zweckmäßig, derartige
Nebenstämme von Anfang an soweit einzukürzen, daß sie nur noch als deutlich
untergeordnete Seitenzweige fungieren.

Will man Kiefernarten kompakter haben, ist der frische Austrieb vor der vollen Entfaltung der Nadeln um das ge-
wünschte Maß einzukürzen. Dies kann

Wenn vom Form-
schnitt bei Laubge-
hölzen die Rede ist,
so gehört Buchs-
baum (*Buxus sem-
pervirens*) zur
ersten Wahl.

sowohl mit der Schere als auch durch »Abpitschen« mit den Fingern (harzt!) erfolgen.

Für den Formschnitt sind zwei bis drei Schnitte pro Jahr ausreichend. Zwischendurch kann aber auch hier das Messer die Figur in »guter Form halten«. Geeignete Pflanzen sind Eiben, Buchsbaum, Cotoneaster und Liguster.

## Schnitt der Bodendecker

Während der Vegetationsperiode denkt man zunächst an den Schnitt der Bodendecker. Ziel ist es, einen nicht zu hoch werdenden und dicht schließenden Bestand zu erhalten.

Erreicht wird ein sich rasch und dicht schließender Bestand bei Gehölzen durch zwei bis drei Schnitte pro Jahr. Je nach Pflanzenart und Region erfolgt der erste Schnitt Anfang Juni, der zweite Ende Juli und ein dritter eventuell Ende August. Nach Mitte September haben keine Schnittmaßnahmen mehr zu erfolgen. Auf größeren Wahlgräbern kann der Rückschnitt mit der Gartenschere ebenso mühsam wie ungleichmäßig werden und infolge der stark gebeugten Haltung bei den niedrigen Flächen werden auch den Bandscheiben Probleme bereitet. Wer aus dem heimischen Garten über eine akkubetriebene Heckenschere verfügt, kann diese hier bestens einsetzen. Ansonsten sind handgeführte Heckenscheren ebenso geeignet. Das Schnittgut ist in jedem Fall zu entfernen.

Dickmännchen (*Pachysandra*) darf man besonders bei Verwendung der niedrigbleibenden Sorte in den ersten 1 bis 3 Jahren nach der Pflanzung auch mal beim Schnitt ungestraft übersehen. Danach genügt meist ein Schnitt pro Jahr, um ein Hochschieben der Triebe mit gleichzeitigem Verkahlen der unteren Teile zu vermeiden.

Bei Stauden als Bodendecker entfällt der Frühsommerschnitt ebenfalls. Statt dessen sind nach der Blüte die Blütenstände zu entfernen und über die Pflanzfläche wuchernde Triebe wegzuschnei-

**Oben:** Bei den Nadelgehözen gehört die Eibe zu den wenigen, die Schnittmaßnahmen geduldigst ertragen. Viel Arbeit kann man sich durch die Wahl der richtigen Sorte ersparen. Säulenformen (hier im Bild *Taxus baccata* 'Fastigiata Aureomarginata') bleiben auch ohne Schnitt schlank.

**Rechts:** Einkürzen der Austriebe bei Kiefern.

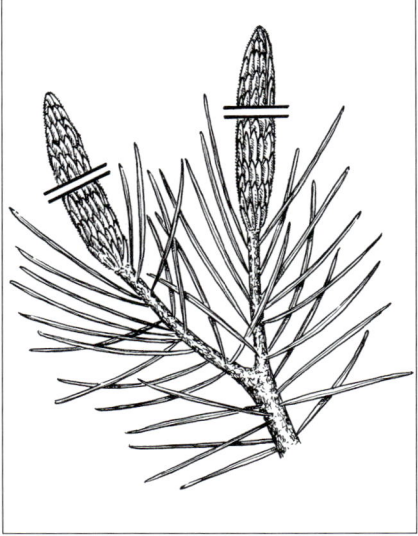

den. Nur, wenn sich Arten durch zu engen Stand hochschieben, ist, ähnlich wie bei *Pachysandra*, ein Rückschnitt nötig. Der Durchtrieb wird wiederum durch Wässern und eine Düngergabe gefördert.

Sowohl die Sommer- oder Besenheide (*Calluna vulgaris*) als auch die Winterheide (*Erica herbacea*) werden ohne regelmäßigen Rückschnitt schnell zu hoch und im unteren Bereich braun, kahl und unansehnlich. Der Schnitt bei Besenheide erfolgt im zeitigen Frühjahr. Der Neuaustrieb kann so noch rechtzeitig die Blütenknospen für das gleiche Jahr entwickeln. Es wird jeweils bis in den untersten Bereich der letztjährigen Triebe zurückgeschnitten, da nur aus beblätterten Triebteilen ein gleichmäßiger Durchtrieb garantiert ist. Nach dem Schnitt kann man zwischen die Pflänzchen eine dünne Schicht feinen Rindenhumus einstreuen. Trotz dieser Maßnahmen sollte man Callunen nach etwa 5 Jahren Standzeit durch neue Pflanzen ersetzen.

Die Winterheide wird nach der Blüte zurückgeschnitten, dies ist bei den meisten Sorten der März. Ein Rückschnitt im Sommer führt zu nicht mehr richtig verholzenden Austrieben, die dann in härteren Wintern zurückfrieren.

## Schnitt der Hecken

Sofern mit grabflächenbegrenzenden Hecken gearbeitet wird, ist deren Wuchs in Höhe und Breite durch Schnitt zu begrenzen. Als klassische Einfassung gilt nach wie vor der Buchsbaum (*Buxus sempervirens* 'Suffruticosa'). Sehr gut geeignet ist aber auch die Polster-Berberitze (*Berberis buxifolia* 'Nana').

Letztere verträgt jegliche Schnittmaßnahme zu allen Jahreszeiten. Beim Buchs hingegen ist mit dem ersten Schnitt auf alle Fälle bis nach den Eisheiligen zu warten. Ein konischer, sich nach oben verjüngender Schnitt ist bei so schmalen und niedrigen Hecken nicht notwendig. Insbesondere in den ersten Jahren nach der Pflanzung kann man bei jedem Grab-

besuch mit dem Gartenmesser oder der Schere an der Hecke »entlangschnippen«. Durch dieses Fortnehmen einiger Milli- oder höchstens Zentimeter des jeweils frischen Austriebs wird die Hecke deutlich schneller dicht.

## Besonderheiten bei Grabhügeln

Regional ist es üblich, Reihengräber als sogenannte Grabhügel zu gestalten. Die Hügel werden dann mit bodendeckenden Gehölzen bepflanzt, deren Triebe mit Draht teilweise am Hügel festgesteckt werden. Übliche Pflanzenarten sind Efeusorten, Kriechspindel, Zwergmispel, blauer Kriechwacholder und niedrige Kissen-Eibe. Der Schnitt ist wie bei den Bodendeckern zu handhaben.

## Teilerneuerung und Totalerneuerung

Die Neupflanzung von Teilen der Grabstätte kann aus den verschiedensten Gründen notwendig werden: Wildverbiß, Witterungseinflüsse, starkes Absinken des Erdreiches oder einfach auch Vergreisen einzelner Gehölze auf der Fläche. Letzteres kann zum Beispiel nach etwa 5 Jahren bei Callunen der Fall sein.

Eine weitgehende Totalerneuerung ist selbst bei richtiger Pflanzenwahl nach einem Zeitraum von 8 bis 12 Jahren nach der Erstanlage angebracht. Bodendecker neigen dann je nach Art dazu, mehr oder weniger lückig zu werden. Gehölze sind auch durch noch so geschickten Schnitt nicht mehr im Rahmen des optisch erwünschten Bildes zu halten.

Es werden dann – vielleicht bis auf die eine oder andere Ausnahme – alle Gehölze gerodet. Das von Wurzeln durchsetzte Erdreich wird etwa spatentief entfernt und durch gute Erde ersetzt. Danach wird die Neupflanzung nach den gleichen Bepflanzungsregeln wie die Erstanlage durchgeführt.

# Pflegeaufträge durch Friedhofsgärtner

Zahlreiche Gründe können dazu führen, daß eine selbständige und fortlaufende Pflege des Grabes nicht selbst durchgeführt werden kann. Für diese Fälle bietet der Markt eine spezielle Dienstleistung autorisierter, friedhofsgärtnerischer Betriebe an: die Dauergrabpflege.

Man schließt zu diesem Zweck mit einem Friedhofsgärtner einen Vertrag über eine Laufzeit von mindestens fünf, meistens zwischen 10 und 20 Jahren ab. In diesem Vertrag werden je nach individuellen Wünschen und finanziellen Möglichkeiten alle vom Friedhofsgärtner zu erbringenden Leistungen festgelegt. Dies können unter anderem sein:

- die ständige Pflege der Grabstätte;
- eine jahreszeitlich wechselnde Bepflanzung mit Frühjahrs-, Sommer- und Herbstpflanzen;
- eine Winterabdeckung mit Nadelgehölzen;
- spezieller Grabschmuck wie Schnittblumen, Grabschalen, Gestecke oder Kränze zu allgemeinen (Allerheiligen, Totensonntag) oder persönlichen Gedenktagen;

- Teilerneuerungen oder Beipflanzungen im notwendigen Rahmen.

Letztendlich kann auch zum Beispiel der das Grab pflegende Ehepartner für die Zeit nach seinem eigenen Tod einen solchen Vertrag abschließen; sei es, daß nach ihm keine Anverwandten mehr da sind, sei es, daß er niemanden mit der Grabpflege belasten möchte.

Die für die Vertragsdauer anfallende Summe wird direkt einem Treuhandkonto überwiesen. Sie wird dann weiter von einer Treuhandgesellschaft oder Genossenschaft verwaltet. Erwirtschaftete Zinsen dienen zum Auffangen von Preissteigerungen und unvorhergesehenen Leistungen im Verlaufe der Vertragsdauer. Außerdem kontrollieren die Gesellschaften, ob der Vertragspartner »Friedhofsgärtner« die Arbeiten auch tatsächlich ordnungsgemäß und fachmännisch erbringt; erst dann wird er von »seiner« Gesellschaft ausbezahlt. Beim Abschluß eines solchen Vertrages besteht also eine Garantie dafür, daß die vereinbarten Leistungen in vollem Umfange erbracht werden.

# Tabellen zur Pflanzenverwendung auf dem Grab

## Laubgehölze für die Rahmenpflanzung

| Deutscher Name | Botanischer Name/Sorte | Maximale Höhe (m) | Stand-ort | Bemerkungen |
|---|---|---|---|---|
| Japanischer Feuer-Ahorn | *Acer japonicum* 'Aconitifolium' | 3,50 | ○ | Alle Ahorn sind sommergrün, Herbstfärbung |
| Gold-Ahorn | *– japonicum* 'Aureum' | 2,50 | ◑ | Goldgrünes Laub |
| Schlitz-Ahorn | *– palmatum* 'Dissectum' | 2,00 | ○–◑ | Auch rotblättrige Sorten, sehr langsamer Wuchs |
| Polster-Berberitze | *Berberis buxifolia* 'Nana' | 0,50 | ○–[◑] | Anspruchslos, für niedrige Hecken |
| Kissen-Berberitze | *– candidula* | 1,00 | ○ | Schöne Blüte, niedrige Hecken |
| Lanzen-Berberitze | *– gagnepainii* | 2,50 | ○–● | Große, gewellte Blätter |
| Hybrid-Berberitzen | *Berberis*-Hybriden 'Klugowski' | 1,50 | ○–◑ | Langsam, kompakt wachsend |
| Warzen-Berberitze | *– verruculosa* | 1,50 | ○–◑ | Langsamer Wuchs, dicht, robust |
| Hecken-Berberitze | *– thunbergii* | 2,00 | ○–◑ | Laubabwerfend, 'Atropurpurea' mit roten Blättern; 'Kobold' nur 0,50 m |
| Zwerg-Birke | *Betula nana* | 1,50 | ○–◑ | Sparrig wachsender Strauch |
| Trauer-Birke | *– pendula* 'Youngii' | | ○–◑ | Veredlungen mit etwa 1,00 m Stammhöhe |
| Buchsbaum | *Buxus sempervirens* 'Suffruticosa' | 1,00 | ○–◑ | Einfassungen, niedrige Hecken |
| | *– sempervirens* 'Handsworthiensis' | 2,50 | ◑–● | Solitärstand, Schnittverträglich |
| Bartblume | *Caryopteris clandonensis* | 1,50 | ○ | Sommergrün, geschützter Stand |
| Scheinquitte | *Chaenomeles*-Hybriden | 0,60–1,50 | ○ | Sommergrün, große, rote Blüten, Fruchtschmuck |
| Hängemispel | *Cotoneaster*-Hybride 'Pendulus' | 2,50 | ○–◑ | Halbimmergrün, Zweige dekorativ hängend, Beeren |
| Kriech-Ginster | *Cytisus beanii* | 0,80 | ○ | Große, goldgelbe Blüten im Mai |
| Kissen-Ginster | *– decumbens* | 0,20 | ○ | Niedrige Zwergart blüht Mai–Juni |

| Deutscher Name | Botanischer Name/Sorte | Maximale Höhe (m) | Standort | Bemerkungen |
|---|---|---|---|---|
| Rosen-Ginster | – purpureus | 0,80 | ○ | Kalkliebend, sehr reichblühend |
| Seidelbast | Daphne mezereum | 1,50 | ◑ | Sommergrün, Beeren sind giftig |
| Maiblumenstrauch | Deutzia gracilis | 1,00 | ○–◑ | Sommergrün, Mai–Juni überreichlich weiß blühend |
| Prachtglocke | Enkianthus campanulatus | 2,00 | ◑ | Sommergrün, Herbstfärbung, geschützter Stand |
| Korkflügelstrauch | Euonymus alatus | 2,50 | ◑ | Sommergrün, Zweige mit breiten, flügelartigen Leisten |
| Stein-Ginster | Genista lydia | 0,50 | ○ | Gelbe Blüten Mai–Juni, Winterschutz |
| Strauch-Efeu | Hedera helix 'Arborescens' | 2,00 | ◑–● | Immergrün, Blätter glänzend grün |
| Bauern-Hortensien | Hydrangea-Hybriden in Sorten | 1,00–2,00 | ◑ | Sommergrün, dekorative Blüten, stark saure Böden wichtig |
| Stechpalme | Ilex aquifolium in Sorten | | ○–◑ | Sorten langsamer im Wuchs, z.T. weiß- und gelbbunte Blätter |
| Berg-Ilex | – crenata | 2,00 | ○–◑ | Blatt ähnelt Buchs, Sorten wie 'Convexa' oder buntlaubig |
| Lorbeerrose | Kalmia angustifolia 'Rubra' | 1,50 | ◑ | Immergrün, saurer, feuchter Boden |
| Berglorbeer | – latifolia | 2,00 | ◑ | Immergrün, Solitär wie zuvor mit herrlichen Blüten |
| Mahonie | Mahonia aquifolium | 1,00 | ◑–[●] | Immergrün, robust |
| Schmuck-Mahonie | – bealii | 3,00 | ○–◑ | Schöne, gelbe Blüte; Winterschutz |
| Zier-Apfel | Malus in Sorten | 2,00–4,00 | ○ | Einzelne Sorten für Wahlgräber |
| Torfmyrthe | Pernettia mucronata | 0,50 | ○ | Immergrün, Beerenschmuck, saure Böden, Winterschutz |
| Lavendelheide | Pieris floribunda | 2,00 | ◑ | Saurer Boden, Sorte 'Forest Flame' im Austrieb rosarot und kleiner |
| | Pieris japonica | 3,00 | ◑ | |

| Deutscher Name | Botanischer Name/Sorte | Maximale Höhe (m) | Stand-ort | Bemerkungen |
|---|---|---|---|---|
| Fingerstrauch | *Potentilla fruticosa* in Sorten | 0,50–1,00 | ○ | Anspruchsloser Dauerblüher, Einzel und Gruppen-pflanzung |
| Kirschlorbeer | *Prunus laurocerasus* 'Otto Luyken' | 1,50 | ○–● | Immergrün, breit wachsend |
| Mandelbäumchen | *– triloba* | 2,00 | ○–[◐] | Sommergrün, hübsche Blüte März–April |
| Rhododendron | in Arten und Sorten | | | siehe auch Seite 49 |
| Rosen | *Rosa* in Arten und Sorten | | ◐–● | Vielerlei Verwen-dungsmöglichkei-ten Beratung durch den Fachhandel wichtig |
| Sal-Weide | *Salix caprea* 'Pendula' | 1,00–2,00 | ○ | Bogig herabhän-gende Zweige, Blüten im März–April |
| Skimmie | *Skimmia japonica* | 1,00 | ◐ | Immergrün, wie bei Torfmyrthe männl. und weibl. Pflanzen für Fruchtschmuck nötig |

# Nadelgehölze für die Rahmenpflanzung

| Deutscher Name | Botanischer Name/Sorte | Maximale Höhe (m) | Stand-ort | Bemerkungen |
|---|---|---|---|---|
| Balsam-Tanne | *Abies balsamea* 'Nana' | 1,00 | | Langsamer Wuchs, mehr breit als hoch, feuchter Standort |
| Korea-Tanne | *– koreana* | 7,00 | ○–◐ | Langsamer Wuchs, Pflanzen ohne Mit-teltrieb nur ca. 1 m hoch |
| Blaue Kegelzypresse | *Chamaecyparis lawso-niana* 'Ellwoodii' | 2,50 | ○–◐ | Säulenform mit straff aufstreben-den Ästen |
| Kissenzypresse | *– lawsoniana* 'Minima Glauca' | 1,00 | ○–◐ | Kugeliger Wuchs, blaugrüne Nadeln |
| Muschelzypresse | *– obtusa* 'Nana Gracilis' | 1,50 | ○–◐ | Langsamer Wuchs, schöner Solitär |
| Zwerg-Fadenzypresse | *– pisifera* 'Filifera Nana' | 1,50 | ○–◐ | Bis 2 m breit, dünne Triebe, auch gelbtriebige Sorte |

| Deutscher Name | Botanischer Name/Sorte | Maximale Höhe (m) | Standort | Bemerkungen |
|---|---|---|---|---|
| Irischer Säulen-Wacholder | *Juniperus communis* 'Hibernica' | 3,00 | ○ | Dichte Säulen, blaugrüne Nadeln |
| Wacholder | – *chinensis* 'Blaauw' | 1,50 | ○ | Äste alle zu einer Seite stehend, Solitär, robust |
| | – *chinensis* 'Old Gold' | 1,50 | ○–◐ | Flach breitwüchsig, Nadeln goldgelb |
| | – *chinensis* 'Plumosa Aurea' | 1,50 | ○–◐ | Langsamer, unregelmäßiger Wuchs, gelb |
| Blauzeder-Wacholder | – *squamata* 'Meyeri' | 3,00 | ○ | Für Wahlgräber, silberblaue Nadeln |
| | – *squamata* 'Blue Star' | 1,00 | ○ | Langsamer, halbkugeliger Wuchs |
| Raketen-Wacholder | – *virginiana* 'Sky Rokket' | 4,00 | ○ | Extrem schmale Säule, blaugrün |
| Igel-Fichte | *Picea abies* 'Echiniformis' | 0,60 | [○]–◐ | Dicht, kissenförmig wachsend |
| Hänge-Fichte | – *abies* 'Inversa' | 10,00 | [○]–◐ | Sehr langsamer Wuchs, Zweige überhängend |
| Nest-Fichte | – *abies* 'Nidiformis' | 1,00 | [○]–◐ | Flach, leicht nestförmig im Wuchs |
| | – *abies* 'Little Gem' | 0,50 | [○]–◐ | Kleinste Zwergform, langsamer Wuchs |
| Blaue Pummel-Fichte | – *abies* 'Pumila Glauca' | 1,00 | [○]–◐ | Gedrungen, flachkugelig, grün |
| Gnomen-Fichte | – *abies* 'Pygmea' | 1,00 | [○]–◐ | Stumpf kegelförmig, frischgrün |
| Zuckerhut-Fichte | – *glauca* 'Conica' | 2,50 | ○–◐ | Langsamer Wuchs, Verwendung eher rückläufig |
| Serbische Kegel-Fichte | – *omorika* 'Nana' | 1,50 | ○–◐ | Breitkegelförmiger Wuchs, Solitär |
| Kleine Blau-Fichte | – *pungens* 'Glauca Globosa' | 1,50 | [○]–◐ | Schönes Solitär, Wahlgräber, blaue Farbe beachten |
| Grannen-Kiefer | *Pinus aristata* | 3,00 | ○ | Langsamer Wuchs, bizarrer Habitus, Versuch lohnt! |
| Zwerg-Rotkiefer | – *densiflora* 'Pumila' | 2,50 | ○ | Langsamer Wuchs, ebenso breit wie hoch werdend |
| Krummholz-Kiefer | – *mugo* ssp. *mugo* | 1,50 | ○ | Langsamer Wuchs, breit wachsend |
| | – *mugo* 'Mops' | 1,00 | ○ | Sehr langsam, breitkugeliger Wuchs, Zwergform |

| Deutscher Name | Botanischer Name/Sorte | Maximale Höhe (m) | Standort | Bemerkungen |
| --- | --- | --- | --- | --- |
|  | *Pinus mugo* 'Gnom' | 2,00 | ○ | Langsam, unregelmäßig im Aufbau |
| Zwerg-Kiefer | *mugo* ssp. *pumilio* | 1,50 | ○ | Flacher, niederliegender Wuchs, bis 3 m breit |
| Mädchen-Kiefer | *parviflora* 'Glauca' | 5,00 | ○ | Langsamer, dekorativ bizarrer Wuchs, Solitär |
| Blaue Kriech-Kiefer | *pumila* 'Glauca' | 1,50 | ○ | Sehr langsamer Wuchs, Zapfenblüte auffallend, sehr schöner Solitär |
| Streichel-Kiefer | *strobus* 'Radiata' | 1,50 | ○ | Kugeliger Wuchs, weiche, dichte Nadeln, Solitär |
| Schirmtanne | *Sciadopitys verticillata* | 8,00 | ◐ | Langsamer Wuchs, interessanter Exot für Wahlgräber |
| Säulen-Eibe | *Taxus baccata* 'Fastigiata' | 3,00 | ◐—● | Dekorative Säulen, dunkelgrüne Nadel |
| Gelbe Säulen-Eibe | – *baccata* 'Fastigiata Aureomarginata' | 3,00 | ○—● | Jungtriebe mit anfangs gelbgrünen Nadeln |
| Kronen-Eibe | – *baccata* 'Nissens Corona' | 1,50 | ○—● | Flach wachsend, bis 5 m breit |
| Tafel-Eibe | – *baccata* 'Repandens' | 0,70 | ○—● | Flach bleibend, auch als Bodendecker |
| Japanische Zwerg-Eibe | – *cuspidata* 'Nana' | 2,00 | ○—● | Bis 4 m breit, Solitär auf größeren Gräbern |
| Smaragd-Lebensbaum | *Thuja occidentalis* 'Smaragd' | 5,00 | ○—◐ | Beste Säulenform bei *Thuja* |
|  | – *occidentalis* 'Danica' | 0,50 | ○—◐ | Breitkugeliger, langsamer Wuchs |
|  | – *occidentalis* 'Recurva Nana' | 2,00 | ○—◐ | Langsamer Wuchs, breite Kegelform |
|  | – *occidentalis* 'Rheingold' | 1,50 | ○—◐ | Sofern die goldgelben Zweige passen schöner Solitär |
| Kissen-Hemlockstanne | *Tsuga canadensis* 'Nana' | 1,00 | ◐ | Windgeschützter Stand |
|  | – *canadensis* 'Jeddeloh' | 0,50 | ◐ | Zwergkonifere auf saurem Boden, einzeln oder Gruppen |

# Gehölze als Bodendecker

| Deutscher Name | Botanischer Name/Sorte | Maximale Höhe (m) | Standort | Bemerkungen |
|---|---|---|---|---|
| Bärentraube | *Arctostaphylos uva-ursi* | 20 | ○ | Saurer Boden, rote Beeren, Laub dunkelgrün |
| Besenheide | *Calluna vulgaris* | 20–40 | ○–◐ | Sommerblüher, Rückschnitt nach Blüte |
| Hartriegel | *Cornus canadensis* | 20 | ◐–● | Saurer Boden, große weiße Blüten, Felsenmispel |
| Zwergmispel | *Cotoneaster dammeri* 'Streibs Findling' | 10 | ○–◐ | Äußerst kleinblättrige, niederliegende Sorte, wertvoll |
|  | *– dammeri* 'Frieders Evergreen' | 15 | ○–◐ | Etwas wüchsiger als vorherige Sorte |
|  | *– dammeri* 'Jürgl' | 30–40 | ○–◐ | Zur Bedeckung größerer Grabflächen |
| Kissenmispel | *– microphyllus* 'Cochleatus' | 40–50 | ○–◐ | Zuverlässiger Bodendecker für größere Grabflächen |
| Kriechmispel | *– salicifolius* 'Parkteppich' | 30 | ○–◐ | Neben *C. dammeri* einer der zuverlässigsten Bodendecker |
| Winterheide | *Erica herbacea* in Sorten | 20–40 | ○–[◐] | Humoser Boden, kalkverträglich |
| Kriechspindel | *Euonymus fortunei* 'Coloratus' | 40 | ○–◐ | Schnelle Deckung, im Herbst rötliche Färbung der Blattunterseite |
|  | *– –* 'Emerald Gaiety' | 30 | ○–◐ | Langsamer Wuchs, weißbunte Form |
|  | *– –* 'Emerald Gold' | 30 | ○–◐ | Langsamer Wuchs, gelbbunte Form |
| Teppichspindel | *– –* 'Minimus' | 25 | ◐–● | Niederliegend, dunkelgrüne Form |
| Scheinbeere | *Gaultheria procumbens* | 25 | ◐ | Saurer Boden, rote Beeren |
| Efeu | *Hedera helix* in Sorten | 30 | ◐–● | Anspruchslos, guter Deckungsgrad |
| Kriech-Wacholder | *Juniperus communis* 'Repanda' | 30 | ○–◐ | Dichte, graugrüne Nadeln, flach ausgebreitet wachsend |
| Blauer Teppich-Wacholder | *– horizontalis* 'Glauca' | 25 | ○ | Blaugraue Nadeln, dicht |
| Tamarisken-Wacholder | *– sabina* 'Tamariscifolia' | 40 | ○–◐ | Bläulichgrüne Nadeln für größere Flächen |

| Deutscher Name | Botanischer Name/Sorte | Maximale Höhe (m) | Stand-ort | Bemerkungen |
|---|---|---|---|---|
| Blauer Kriech-Wacholder | – *squamata* 'Blue Carpet' | 40 | ○ | Stahlblau, unregelmäßige Polster |
| Heckenkirsche | *Lonicera pileata* | 120 | ○–◑ | Gute Deckung, öfters schneiden |
| Kriechender Lebensbaum | *Microbiota decussata* | 20 | ○–◑ | Zu selten verwendet, im Winter bräunlich |
| Scheinknöterich | *Mühlenbeckia axillaris* | 15 | ○–◑ | Sommergrün, nicht für rauhe Lagen |
| Dickmännchen | *Pachysandra terminalis* 'Green Carpet' | 20 | ◑–● | Anspruchslos, gut deckend |
| Immergrün | *Vinca minor* | 20 | ◑–● | Kalkliebend, gut deckend |

## Stauden als Bodendecker

| Deutscher Name | Botanischer Name/Sorte | Maximale Höhe (m) | Stand-ort | Bemerkungen |
|---|---|---|---|---|
| Stachelnüßchen | *Acaena buchananii* | 10 | ○–◑ | Graublaues Laub, rasche Deckung |
|  | – *microphylla* 'Kupferteppich' | 10 | ○–◑ | Rotbraunes Laub, beide für warme Lagen |
| Günsel | *Ajuga reptans* | 20 | ◑ | Sommergrün, kalkliebend |
| Katzenpfötchen | *Antennaria dioica* | 10 | ○ | Silbrig-graues Laub |
| Gänsekresse | *Arabis procurrens* | 25 | ○–◑ | Wintergrün, mittelgut deckend, nach Blüte Rückschnitt |
| Grasnelke | *Armeria maritima* | 15 | ○–◑ | Sorten mit roter und weißer Blüte, mittelgut deckend |
| Haselwurz | *Asarum europaeum* | 10 | ● | Dunkelgrün glänzendes Laub, interessant |
| Andenpolster | *Azorella trifurcata* | 10 | ○ | Langsamer Wuchs, dichte Polster |
| Breitblatt-Segge | *Carex plantaginea* | 20 | ◑–● | Horstig wachsend, kalkarmer Boden |
| Hornkraut | *Cerastium tomentosum* | 10 | ○ | Weißfilziges Laub, mittelgut deckend |
| Laugenblume | *Cotula squalida* | 5 | ○–◑ | Stumpfgrünes Laub, oft Winterschäden |
| Silberwurz | *Dryas suendermannii* | 25 | ○ | Kalkliebend, weißfilziges Laub |
| Elfenblume | *Epimedium* in Arten | 25–40 | ◑–● | Gut deckend, interessante Blüten |

| Deutscher Name | Botanischer Name/Sorte | Maximale Höhe (m) | Stand-ort | Bemerkungen |
|---|---|---|---|---|
| Blau-Schwingel | *Festuca glauca* | 30 | ○ | Magere Böden, blaugrünes Laub, auch Gruppen-pflanzung |
| Schaf-Schwingel | *– ovina* | 15 | ○ | Magere, durchläs-sige Böden |
| Storchschnabel | *Geranium* in Arten | 20–40 | ○–◑ | Sommer- und Win-tergrüne Arten, z.T. wuchernd |
| Bruchkraut | *Herniaria latifolia* | 5 | ◑ | Kalkarme Böden, dichtrasiger Wuchs |
| Schleifenblume | *Iberis sempervirens* | 25 | ○ | Schneeweiße Blü-ten, Rückschnitt nach Blüte, für kleine Flächen |
| Gedenkemein | *Omphalodes verna* | 20 | ◑ | Sommergrün, Blü-ten ähnlich Ver-gißmeinnicht |
| Knöterich | *Polygonum affine* | 20 | ◑ | Sommergrün |
| Sternmoos | *Sagina subulata* | 5 | ○–◑ | Grasartige Polster, kleinere Flächen |
| Steinbrech, Porzellan-blümchen | *Saxifraga umbrosa* 'Elliot' | 15 | ◑ | Humose Böden, reich blühend, lohnenswert |
| Fetthenne | *Sedum album* in Sorten | 10 | ○ | Vertragen Trok-kenheit, z.T. röt-liche Winterfär-bung |
| | *– floriferum* 'Weihenste-phaner Gold' | 15 | ○ | Wüchsig und aus-dauernd, gelbe Blüte |
| | *– hybridum* 'Immer-grünchen' | 15 | ○ | Gute Bienen-weide, Blüte gelb, guter Boden-decker |
| | *– spurium* 'Album Superbum' | 10 | ○ | Verträgt Trocken-heit, robust |
| Wollziest | *Stachys byzantina* | 25 | ○ | Sommergrün, graufilzige Blätter |
| Thymian | *Thymus serpyllum* 'Coc-cineus' | 3 | ○ | Wintergrün, dichte Polster bil-dend |
| Schaumblüte | *Tiarella cordifolia* | 30 | ◑–● | Sommergrün, gut deckend |
| Ehrenpreis | *Veronica spicata* ssp. *incana* | 10 | ○ | Silbergraues Laub, kalkliebend |
| Golderdbeere | *Waldsteinia ternata* | 20 | ◑–● | Wintergrün, schnell deckend, gelbe Blüte |

# Wechselbepflanzung

| Deutscher Name | Botanischer Name | Blüten-farbe | Blüte-zeit | Höhe cm | Stand-ort | Bemerkungen |
|---|---|---|---|---|---|---|
| **Frühjahrsbepflanzung** | | | | | | |
| Gänseblümchen | *Bellis perennis* | weiß, rosa, rot | III–VI | 20 | ○–◐ | Sorten mit großen und kleinen Blüten |
| Vergißmeinnicht | *Myosotis sylvatica* | blau, rosa, weiß | III–VI | 25 | ◐ | Kompakte Sorten wählen |
| Schlüsselblume | *Primula vulgaris* | alle Farben | III–V | 20 | ○–◐ | Farbenfrohe, sehr frühe Sorten |
| Stiefmütterchen | *Viola*-Wittrok-kiana-Hybriden | alle Farben | IX–IV | 20 | ○–◐ | Farbmischungen wirken unruhig, spezielle Sorten für Herbstblüte |
| **Sommerbepflanzung** | | | | | | |
| Leberbalsam | *Ageratum hou-stonianum* | violett, rosa | V–X | 25 | ○–◐ | Trockenheitsempfindlich |
| Papageienblatt | *Althernanthera ficoidea* | Blattschmuck | | 10 | ○–◐ | Einfassungspflanze |
| Knollen-Begonien | *Begonia*-Knollen-begonien-Hybriden | weiß, gelb, rot, rosa | V–X | 30 | ○–◐ | Auch gefüllte Blüten |
| Eis-Begonien | –Semperflorens-Hybriden | rot, rosa, weiß | V–X | 25 | ○–◐ | Humosen Boden, kompakte Sorten wählen |
| Elatior-Begonie | –Elatior-Hybriden | rosa, rot, weiß, gelb | VI–IX | 40 | ◐ | Neueres Sortiment mit robusten Sorten |
| Pantoffelblume | *Calceolaria inte-grifolia* | gelb | V–X | 30 | ○ | Dichten Stand vermeiden |
| Sommerastern | *Callistephus chi-nensis* | viele Farben | VII–X | 25 | ○ | Niedrige Sorten wählen, Spätsommerbepflanzung |
| Buntnessel | *Coleus*-Blumei-Hybriden | Blattschmuck | | 30 | ○–◐ | Einfassungspflanze, hoher Wasserbedarf |
| Echeverie | *Echeveria deren-bergii* | orange | IV–VI | 20 | ○ | Einfassungspflanze |
| Fuchsie | *Fuchsia*-Hybriden | mehrfarbig | V–X | 40 | ◐–● | Kompakte Sorten wählen, vielfältige Blütentypen |
| Mittagsgold | *Gazania*-Hybriden | viele Farben | VI–IX | 20 | ○ | Blüten öffnen sich nur bei Sonnenschein |
| Heliotrop | *Heliotropium arborescens* | violett | V–X | 40 | ○–◐ | Z. T. ungleichmäßiger Wuchs |
| Fleißiges Lieschen | *Impatiens*-Walle-riana-Hybriden | viele Farben | V–X | 30 | ○–● | Kompakte Sorten wählen, auch zweifarbige Blüten |
| | –Neu-Guinea-Hybr. | weiß, rot, rosa | VI–X | 40 | ○–◐ | Robuste, kompakte Sorten wählen, überreiche Spätblüte |
| Iresine | *Iresine herbstii* | Blattschmuck | | 20 | ◐–● | Einfassungspflanze, rotes Laub |

| Deutscher Name | Botanischer Name | Blüten-farbe | Blüte-zeit | Höhe cm | Stand-ort | Bemerkungen |
|---|---|---|---|---|---|---|
| Wandelröschen | *Lantana*-Camara-Hybriden | gelb, weiß, orange | VI–X | 30 | ○ | Flor endet früher als bei den meisten anderen |
| Männertreu | *Lobelia erinus* | blau, weiß | V–IX | 15 | ○–◑ | Nährstoffreicher Standort, auch zur Einfassung |
| Duftsteinrich | *Lobularia maritima* | weiß | V–X | 10 | ○ | Teppichbeet Pflanze |
| Hänge-Geranie | *Pelargonium*-Peltatum-Hybriden | lila, rosa, rot | V–XI | 30 | ○ | Selten auf dem Grab zu verwenden |
| Geranie | – Zonale-Hybriden | rosa, rot, weiß, orange | V–XI | 40 | ○ | Kompakte Sorten wählen, robust |
| Petunie | *Petunia*-Hybriden | viele Farben | V–X | 25 | ○–◑ | Trockenheitsempfindlich |
| Husarenknopf | *Sanvitalia procumbens* | gelb mit schwarzem Auge | VI–X | 15 | ○ | Dauerblüher |
| Salbei | *Salvia splendens* | rot | V–IX | 30 | ○–◑ | Z.T. mit Blühpausen |
| Studentenblume | *Tagetes patula* | gelb, braun, orange | V–X | 20 | ○ | Bei Düngung Dauerblüher |
| Verbenen | *Verbena*-Hybriden | rot, rosa, blau | VI–X | 30 | ○ | Ergänzt das übrige Sortiment |
| Zinnien | *Zinnia angustifolia* | viele Farben | VI–IX | 30 | ○ | Zur Beipflanzung |

**Herbstpflanzung**

| Deutscher Name | Botanischer Name | Blüten-farbe | Blüte-zeit | Höhe cm | Stand-ort | Bemerkungen |
|---|---|---|---|---|---|---|
| Zierpfeffer | *Capsicum annuum* | Fruchtschmuck | | 25 | ○–◑ | Kompakte und großfrüchtige Sorten wählen |
| Chrysantheme | *Dendrathema*-Grandiflorum-Hybriden | viele Farben | IX–XI | 35 | ○–◑ | Verträgt leichten Frost |
| Alpenveilchen | *Cyclamen persicum* | rot, rosa, weiß | VII–XI | 30 | ○–◑ | Verträgt Frost bis etwa −2°C |
| Heide | *Erica gracilis* | rot, rosa, weiß | VII–XII | 30 | ○–◑ | |
| Strauchveronika | *Hebe*-Andersonii-Hybriden | Blattschmuck | | 30 | ○–◑ | Einfassungen, Strukturbeete |
| Silberblatt | *Senecio bicolor* | Blattschmuck | | 20 | ○–◑ | Verwendung in Strukturbeeten |

# Zwiebel- und Knollenpflanzen

| Deutscher Name | Botanischer Name | Blüten-farbe | Blüte-zeit | Pflanz-tiefe/cm | Bemerkungen |
|---|---|---|---|---|---|
| **Herbstpflanzung** | | | | | |
| Strahlen-Anemone | *Anemone blanda* | blau, rosa, weiß | IV–V | 5–10 | Bilden dichte Bestände, frühe Farbtupfer |
| Buschwindröschen | – *nemerosa* | weiß | III–V | 5–10 | Halbschatten bevorzugt |
| Schneeglanz | *Chionodoxa* in Arten | blau, violett | III–IV | 5–8 | Problemloser Frühjahrsblüher zu gelben Krokus, Wildnarzissen, Schneeglöckchen |
| Krokus | *Crocus vernus* | weiß, gelb, blau | II–III | 5–10 | Auch mehrfarbige, zwischen Bodendecker wie auch Schneeglanz |
| Alpenveilchen | *Cyclamen* in Arten | rosa, weiß | II–IV, VII–X | 10 | Botanische Arten, Herbstblühende im April pflanzen |
| Winterling | *Eranthis hyemalis* | gelb | II–III | 3–7 | Reizvol vor Gehölzen, am Stein |
| Schneeglöckchen | *Galanthus nivalis* | weiß | II–III | 5–8 | Kombination mit vorgenannten |
| Kleine Iris | *Iris reticulata* | violett mit orange | II–III | 5 | Sonnige, offene Stellen |
| Madonnen-Lilie | *Lilium candidum* | weiß | VI–VII | 5 | Rein weiße Blüten sind altes Symbol der Reinheit, der Jungfrau Maria |
| Lilien | in Arten | rot, weiß, gelb, orange | VI–VIII | 10–15 | Zahlreiche Arten und Sorten, z.T. auch Frühjahrspflanzung möglich |
| Traubenhyazinthe | *Muscari botryoides* | blau, violett | IV–V | 5–10 | Nur in größeren Tuffs pflanzen |
| Narzissen | *Narcissus* in Arten und Sorten | gelb, weiß, orange | III–V | 10–20 | Groß- und kleinkronige Arten, reizvolle botanische Arten |
| Tulpe | *Tulipa* in Arten und Sorten | viele Farben | ab IV | 15–20 | Wild-/Botanische Tulpen besser geeignet als Gartentulpen |
| **Frühjahrspflanzung** | | | | | |
| Dahlie | *Dahlia*-Hybriden | viele Farben | VII–X | 20–40 | Nur niedrige Sorten verwenden. Knollen nicht winterhart! |
| Freesie | *Freesia*-Hybriden | viele Farben | VI–VII | 10 | Zierliche Blütenstände |
| Gladiolen | *Gladiolus* in Arten | weiß, rosa, rot, gelb | VI–VII | 10–15 | Nur botanische Arten oder Sorten der 'Nanus-Gruppe' verwenden |
| Tigerblume | *Tigridia pavonia* | orange, rot, weiß, gelb | VI–IX | 10 | Eventuell in kleiner Gruppe zu pflanzen |

# Verzeichnisse

## Adressen

Dauergrabpflege-Gesellschaft
Sächsischer Friedhofsgärtner mbH
Scharfenberger Str. 67
01139 Dresden
0351/8491619

Treuhandges. f. Grabanlagen u. -pflege GmbH
Friedhof-Treuhand-Berlin (FTB)
Boelckestr. 117
12101 Berlin
030/7855060

Landesverband Gartenbau Brandenburg e. V.
Kemnitzer Chaussee 138–140
14542 Werder/Havel
03327/4256 0

Treuhandstelle für Dauergrabpflege
Hamburger Friedhofsgärtner GmbH
Alsterdorfer Str. 573
22337 Hamburg
040/504656

Friedhofsgärtner Lübeck eG
Friedhofsallee 122
23554 Lübeck
0451/4928 50

Treuhandstelle für Dauergrabpflege
Schleswig-Holstein GmbH
Waisenhofstr. 44
24103 Kiel
0431/93535

Nordwestdeutsche Treuhandstelle für
Dauergrabpflege GmbH
Paul-Feller-Str. 25
28199 Bremen
0421/53641-0

Treuhandstelle für Dauergrabpflege
Niedersachsen/Sachsen-Anhalt GmbH
Luisenstr. 10–11
30159 Hannover
0511/3267 11

Friedhofsgärtner-Genossenschaft u.
Trauerdekorationsgemeinschaft eG
Johannistal 15
33604 Bielefeld
0521/150901

Friedhofsgärtner Düsseldorf eG
Meineckestr. 52 B
40474 Düsseldorf
0211/439904

Friedhofsgärtner Dortmund eG
Am Gottesacker 25
44143 Dortmund
0231/590583

Gesellschaft für Dauergrabpflege
Westfalen-Lippe mbH
Germaniastraße 53
44379 Dortmund
0231/961014-0

Friedhofsgärtner-Genossenschaft
Herne eG
Sodinger Str. 123
44627 Herne
Sodinger Str. 123
02323/620169

Genossenschaft der Friedhofsgärtner
Bochum eG
Feldmark 100
44803 Bochum
0234/350785

Friedhofsgärtner Gelsenkirchen eG
Immermannstr. 47
45894 Gelsenkirchen
0209/398682

Rheinische Treuhandstelle
für Dauergrabpflege GmbH
Postfach 680209
50705 Köln
0221/7151011

Friedhofsgärtner-Genossenschaft
Köln eG
Weinsbergstr. 138
50823 Köln
0221/525658

Genossenschaft Aachener
Friedhofsgärtner eG
Vaalsener Str. 319
52074 Aachen
0241/84890

Friedhofsgärtner-Genossenschaft
Bonn eG
Kölnstr. 475
53117 Bonn
0228/672655

Genossenschaft für Dauergrabpflege
Trier eG
Ludolfstr. 10
54290 Trier
0651/31132

Genossenschaft der Friedhofsgärtner
im Lande Rheinland Pfalz eG
Planiger Str. 34
55543 Bad Kreuznach
0671/65926

Genossenschaft der Friedhofsgärtner
Frankfurt eG
Eckenheimer Landstr. 188
60320 Frankfurt
069/5970354

Treuhandstelle für Dauergrabpflege GmbH
An der Festeburg 31
60389 Frankfurt
069/472030

Dauergrabpflege-Treuhandstelle
Saarländischer Friedhofsgärtner
Heinestr. 2–4
66121 Saarbrücken
0681/684913

Genossenschaft Württembergischer
Friedhofsgärtner eG
Neue Weinsteige 160
70180 Stuttgart
0711/6449522

Genossenschaft Badischer
Friedhofsgärtner eG
Seminarstr. 10
76133 Karlsruhe
0721/29806 u. 205071

Dauergrabpflege-Gesellschaft
Bayerischer Friedhofsgärtner mbH
Postfach 380165
80614 München
089/1786710

Genossensch. u. Treuhandst. d. Nürn-
berger/Fürther Friedhofsgärtner eG
Nordwestring 65
90419 Nürnberg
0911/37092

# Bildquellen

Alberth, G., Stuttgart: Abb. Seite 16, 22, 26, 27 oben, 32, 34, 35, 43 oben, 45, 49, 51, 54, 60, 62, 63, 68, 72, 75, 77
Bott, H., Köln: Abb. Seite 9, 10, 12, 17 oben und unten, 20, 23, 25 unten, 27 unten, 29 unten, 30, 31, 38, 39 (3), 40, 43 unten, 53, 69, 78, 80, 81 unten, 82, 86, 87, 95, 96
Friedhofsgärtnergenossenschaft, Köln: Abb. Seite 83 (2)
Heun, P.-W., Mülheim/Ruhr: Abb. Seite 11, 14, 59, 70

James, C., Düsseldorf: Abb. Seite 13, 28, 29 oben, 58, 66, 73, 81 oben
Radloff, H., Hamburg: Abb. Seite 19, 25 oben, 50, 74, Rückseite
Reinhard, H., Heiligkreuzsteinach: Titelbild, Abb. Seite 2, 89
Rohde, K., Hamburg: Abb. Seite 6, 47 (2), 56, 79
Votteler, W., München: Abb. Seite 8, 18
Zeichnungen Seite 65 von Ingobert Heieck aus seinem Buch »Schöne Efeus«, Verlag Eugen Ulmer, Stuttgart 1992.

# Register